Sabor Mediterráneo
Delicias de la Costa al Plato

Alejandro Rodríguez

Indice

Tagine marroquí con verduras 9
Wraps de ensalada de garbanzos con apio 11
Brochetas de verduras a la parrilla 12
Champiñones portobello rellenos de tomate 14
Hojas de diente de león marchitas con cebolla dulce 16
Hojas de apio y mostaza 17
Huevos revueltos de verduras y tofu 18
zoodles simples..20
Rollitos de col con lentejas y tomates 21
plato vegetariano mediterráneo 23
Wrap de verduras a la plancha y hummus 25
judías verdes españolas...27
Hash rústico de coliflor y zanahoria 28
Coliflor y tomates asados 29
Calabaza bellota asada 31
Espinacas al vapor con ajo..33
Calabacines al vapor con ajo y menta 34
okra al vapor...35
Pimientos dulces rellenos de verduras...36
Musaka de berenjena 38
Hojas de parra rellenas de verduras...40
Rollo de berenjena a la plancha 42
Tortitas crujientes de calabacín...44

Tartas de queso y espinacas	46
Bocaditos de sándwich de pepino	48
Salsa a base de yogur	49
brucheta de tomate	50
Tomates rellenos de aceitunas y queso	52
Tapenada de pimientos	53
falafel de cilantro	54
Hummus de pimiento rojo	56
Salsa de frijoles blancos	57
Hummus con cordero picado	58
salsa de berenjena	59
Tortitas de verduras	60
Albóndigas de cordero bulgur	62
Bocaditos de pepino	64
aguacate relleno	65
ciruelas envasadas	66
Feta marinado y alcachofa	67
Croqueta de atún	68
Crudité de salmón ahumado	70
Aceitunas marinadas Cítricos	72
Anchoas en tapenade de oliva	73
huevos rellenos griegos	75
galletas manchegas	77
Un montón de burrata Caprese	79
Buñuelos de ricotta y calabacín con alioli de limón y ajo	80
Pepino relleno de salmón	83
Paté de queso de cabra y caballa	84

El sabor de las bombas de grasa mediterráneas 86

gazpacho de aguacate 87

Tazas de ensalada de pastel de cangrejo 89

Wrap de ensalada de pollo con naranja y estragón 91

Champiñones rellenos de queso feta y quinoa 93

Falafel de cinco ingredientes con salsa de ajo y yogur 95

Camarones al limón con aceite de oliva al ajillo 97

Patatas fritas crujientes con salsa de yogur y limón 99

Chips de pita caseros con sal marina 101

Salsa De Spanakopita Frita 102

Dip de cebolla perla asada 104

Tapenada de pimiento rojo 106

Pieles de patata griega con aceitunas y queso feta 108

Focaccia Pita Alcachofas y aceitunas 110

pequeños pasteles de cangrejo 112

Rollo de calabacín y queso feta 114

Lubina en tu bolsillo 116

Pasta cremosa con salmón ahumado 118

Pollo griego en olla de cocción lenta 120

Pinchos de pollo 122

Cassoulet de pollo en olla de cocción lenta 124

pavo asado griego 127

Cuscús de pollo al ajillo 129

Karahi de pollo 131

Cacciatora de pollo con cebada 133

Daube provenzal a fuego lento 135

Osso Bucco 137

Bourguignon de ternera cocido a fuego lento 139

ternera balsámica 142

ternera asada 144

Arroz mediterráneo y embutido 146

albóndigas españolas 147

Filete de coliflor con cítricos y salsa de aceitunas 149

Pasta con pistachos y pesto de menta 151

Salsa de tomate cherry con pasta cabello de ángel explotada 153

Tofu frito con tomates secos y alcachofas 155

Tempeh mediterráneo al horno con tomate y ajo 157

Hongos portobello asados con repollo y cebolla morada 160

Calabacines rellenos de ricotta, albahaca y pistachos 164

Espelta con tomates fritos y champiñones 166

Cebada al horno con berenjenas, acelgas y mozzarella 169

Risotto de cebada con tomates cherry 171

Garbanzos y col con salsa de tomate picante 173

Feta asado con col rizada y yogur de limón 175

Berenjenas fritas y garbanzos con salsa de tomate 177

Deslizadores de falafel frito 179

Portobello Caprese 181

Tomate relleno de champiñones y queso 183

tabulé 185

Brócoli picante y corazones de alcachofa 187

shakshuka 189

Spanakopita 191

tajín 193

Cítricos, pistachos y espárragos. 195

Berenjenas rellenas de tomate y perejil 197

Ratatouille 199

Gemista 201

Rollos rellenos de col 203

Coles de Bruselas con glaseado balsámico 205

Ensalada de espinacas con vinagreta de cítricos 207

Ensalada sencilla de apio y naranja 208

Rollo de berenjena frita 210

Verduras asadas y un plato de arroz integral. 212

Hash de coliflor con zanahorias 214

Dados de calabacín al ajillo con menta 215

Plato de calabacín y alcachofas con faro 216

Tortitas de calabacín de 5 ingredientes 218

Tagine marroquí con verduras

Tiempo de preparación: 20 minutos

Hora de cocinar: 40 minutos

Porciones: 2

Nivel de dificultad: Medio

Ingredientes:

- 2 cucharadas de aceite de oliva
- ½ cebolla, picada
- 1 diente de ajo, picado
- 2 tazas de floretes de coliflor
- 1 zanahoria mediana, cortada en trozos de 1 pulgada
- 1 taza de berenjena picada
- 1 lata de jugo de tomate entero
- 1 lata de garbanzos (15 oz / 425 g).
- 2 patatas rojas pequeñas
- 1 taza de agua
- 1 cucharadita de jarabe de arce puro
- ½ cucharadita de canela
- ½ cucharadita de cúrcuma
- 1 cucharadita de comino
- ½ cucharadita de sal
- 1 o 2 cucharaditas de pasta de harissa

Ruta:

En una olla, calienta el aceite de oliva a fuego medio-alto. Saltee la cebolla durante 5 minutos, revolviendo ocasionalmente, o hasta que esté transparente.

Agregue el ajo, los floretes de coliflor, las zanahorias, las berenjenas, los tomates y las patatas. Rompe los tomates en trozos más pequeños con una cuchara de madera.

Agrega los garbanzos, el agua, el jarabe de arce, la canela, la cúrcuma, el comino y la sal y mezcla. dejalo hervir

Cuando esté listo, reduzca el fuego a medio-bajo. Agregue la pasta de harissa, cubra y cocine a fuego lento durante unos 40 minutos o hasta que las verduras estén tiernas. Pruebe y sazone al gusto. Dejar reposar antes de servir.

Nutrición (por 100 gramos): 293 calorías 9,9 g de grasa 12,1 g de carbohidratos 11,2 g de proteína 811 mg de sodio

Wraps de ensalada de garbanzos con apio

Tiempo de preparación: 10 minutos

Hora de cocinar: 0 minutos

Porciones: 4

Nivel de dificultad: Fácil

Ingredientes:

- 1 lata (15 oz/425 g) de garbanzos bajos en sodio
- 1 rama de apio, en rodajas finas
- 2 cucharadas de cebolla morada picada
- 2 cucharadas de tahini sin sal
- 3 cucharadas de mostaza con miel
- 1 cucharada de alcaparras, sin escurrir
- 12 hojas de lechuga mantecosa

Ruta:

Licue los garbanzos en un bol con un machacador de patatas o el dorso de un tenedor hasta que estén casi suaves. Agregue el apio, la cebolla morada, el tahini, la mostaza con miel y las alcaparras al bol y mezcle bien.

Para cada porción, coloque tres hojas de lechuga dobladas en un plato y cubra con ¼ del relleno de puré de garbanzos, luego enrolle. Repita con las otras hojas de lechuga y la mezcla de garbanzos.

Nutrición (por 100 gramos): 182 calorías 7,1 g de grasa 3 g de carbohidratos 10,3 g de proteína 743 mg de sodio

Brochetas de verduras a la parrilla

Tiempo de preparación: 15 minutos

Hora de cocinar: 10 minutos

Porciones: 4

Nivel de dificultad: Fácil

Ingredientes:

- 4 cebollas moradas medianas, peladas y cortadas en 6 rodajas
- 4 calabacines medianos, cortados en rodajas de 1 pulgada de grosor
- 2 rodajas de carne de tomate, en cuartos
- 4 pimientos rojos
- 2 pimientos naranjas
- 2 pimientos amarillos
- 2 cucharadas más 1 cucharadita de aceite de oliva

Ruta:

Precalienta la parrilla a fuego medio-alto. Ensarte en brochetas cebollas rojas, calabacines, tomates y pimientos de diferentes colores, alternativamente. Untelos con 2 cucharadas de aceite de oliva.

Engrase las parrillas con 1 cucharadita de aceite de oliva y ase las brochetas de verduras durante 5 minutos. Voltee las brochetas y cocínelas durante otros 5 minutos o hasta que estén cocidas a su gusto. Deja que las brochetas se enfríen durante 5 minutos antes de servir.

Nutrición (por 100 gramos): 115 calorías 3 g de grasa 4,7 g de carbohidratos 3,5 g de proteína 647 mg de sodio

Champiñones portobello rellenos de tomate

Tiempo de preparación: 10 minutos
Hora de cocinar: 15 minutos
Porciones: 4
Nivel de dificultad: Medio

Ingredientes:

- 4 cabezas grandes de champiñones portobello
- 3 cucharadas de aceite de oliva virgen extra
- Sal y pimienta negra, al gusto.
- 4 tomates secos
- 1 taza de mozzarella rallada, dividida
- ½ a ¾ taza de salsa de tomate baja en sodio

Ruta:

Precalienta la parrilla a fuego alto. Coloque las tapas de los champiñones en una bandeja para hornear y rocíe con aceite de oliva. Agrega sal y pimienta. Hornee durante 10 minutos, volteando la tapa de los champiñones a la mitad, hasta que la parte superior esté dorada.

Retirar de la parrilla. Cubra cada tapa de champiñones con 1 tomate, 2 cucharadas de queso y 2 o 3 cucharadas de salsa. Vuelva a colocar la tapa de los champiñones en la parrilla y cocine por otros 2-3 minutos. Deje enfriar durante 5 minutos antes de servir.

Nutrición (por 100 gramos): 217 calorías 15,8 g de grasa 9 g de carbohidratos 11,2 g de proteína 793 mg de sodio

Hojas de diente de león marchitas con cebolla dulce

Tiempo de preparación: 15 minutos

Hora de cocinar: 15 minutos

Porciones: 4

Nivel de dificultad: Fácil

Ingredientes:

- 1 cucharada de aceite de oliva virgen extra
- 2 dientes de ajo, picados
- 1 cebolla Vidalia, en rodajas finas
- ½ taza de caldo de verduras bajo en sodio
- 2 manojos de dientes de león, picados en trozos grandes
- Pimienta negra recién molida, al gusto

Ruta:

Calienta el aceite de oliva en una sartén grande a fuego lento. Agrega el ajo y la cebolla y cocina durante 2-3 minutos, revolviendo ocasionalmente, o hasta que la cebolla esté transparente.

Agregue el caldo de verduras y las hojas de diente de león y cocine durante 5 a 7 minutos hasta que se ablanden, revolviendo con frecuencia. Espolvorea con pimienta negra y sirve en un plato caliente.

Nutrición (por 100 gramos): 81 calorías 3,9 g de grasa 4 g de carbohidratos 3,2 g de proteína 693 mg de sodio

Hojas de apio y mostaza

Tiempo de preparación: 10 minutos

Hora de cocinar: 15 minutos

Porciones: 4

Nivel de dificultad: Medio

Ingredientes:

- ½ taza de caldo de verduras bajo en sodio
- 1 tallo de apio, picado en trozos grandes
- ½ cebolla dulce, finamente picada
- ½ pimiento rojo grande, en rodajas finas
- 2 dientes de ajo, picados
- 1 manojo de mostaza, picada en trozos grandes

Ruta:

Vierta el caldo de verduras en una sartén grande de hierro fundido y déjelo hervir a fuego medio. Agregue el apio, la cebolla, el pimiento morrón y el ajo. Cocine descubierto durante unos 3-5 minutos.

Agrega las hojas de mostaza a la sartén y mezcla bien. Reducir el fuego y cocinar hasta que el líquido se haya evaporado y las verduras se ablanden. Retirar del fuego y servir caliente.

Nutrición (por 100 gramos): 39 calorías 3,1 g de proteína 6,8 g de carbohidratos 3 g de proteína 736 mg de sodio

Huevos revueltos de verduras y tofu

Tiempo de preparación: 5 minutos
Hora de cocinar: 10 minutos
Porciones: 2
Nivel de dificultad: Fácil

Ingredientes:

- 2 cucharadas de aceite de oliva virgen extra
- ½ cebolla morada, finamente picada
- 1 taza de repollo rallado
- 227 g (8 oz) de champiñones, rebanados
- 227 g (8 oz) de tofu, cortado en trozos
- 2 dientes de ajo, picados
- Pellizca las hojuelas de chile
- ½ cucharadita de sal marina
- 1/8 cucharadita de pimienta negra recién molida

Ruta:

Cocine el aceite de oliva en una sartén antiadherente mediana a fuego medio-alto hasta que brille. Agrega la cebolla, el repollo y los champiñones a la sartén. Cocine y revuelva ocasionalmente o hasta que las verduras comiencen a dorarse.

Agrega el tofu y sofríe durante 3-4 minutos hasta que se ablande. Agregue el ajo, las hojuelas de chile, la sal y la pimienta negra y cocine por 30 segundos. Dejar reposar antes de servir.

Nutrición (por 100 gramos): 233 calorías 15,9 g de grasa 2 g de carbohidratos 13,4 g de proteína 733 mg de sodio

zoodles simples

Tiempo de preparación: 10 minutos

Hora de cocinar: 5 minutos

Porciones: 2

Nivel de dificultad: Fácil

Ingredientes:

- 2 cucharadas de aceite de aguacate
- 2 calabacines medianos, en espiral
- ¼ cucharadita de sal
- Pimienta negra recién molida, al gusto

Ruta:

Calienta el aceite de aguacate en una sartén grande a fuego medio hasta que brille. Agrega la pasta de calabacín, la sal y la pimienta negra a la sartén y revuelve para cubrir. Cocine y revuelva continuamente hasta que esté suave. Servir caliente.

Nutrición (por 100 gramos): 128 calorías 14 g de grasa 0,3 g de carbohidratos 0,3 g de proteína 811 mg de sodio

Rollitos de col con lentejas y tomates

Tiempo de preparación: 15 minutos

Hora de cocinar: 0 minutos

Porciones: 4

Nivel de dificultad: Fácil

Ingredientes:

- 2 tazas de lentejas cocidas
- 5 tomates roma cortados en cubitos
- ½ taza de queso feta desmenuzado
- 10 hojas grandes de albahaca fresca cortadas en rodajas finas
- ¼ de taza de aceite de oliva virgen extra
- 1 cucharada de vinagre balsámico
- 2 dientes de ajo, picados
- ½ cucharadita de miel cruda
- ½ cucharadita de sal
- ¼ de cucharadita de pimienta negra recién molida
- 4 hojas grandes de col, sin tallos

Ruta:

Agrega las lentejas, los tomates, el queso, las hojas de albahaca, el aceite de oliva, el vinagre, el ajo, la miel, la sal y la pimienta negra y mezcla bien.

Coloque las hojas de repollo sobre una superficie de trabajo plana. Vierta una cantidad igual de la mezcla de lentejas alrededor de los bordes de las hojas. Enrollar y servir cortado por la mitad.

Nutrición (por 100 gramos): 318 calorías 17,6 g de grasa 27,5 g de carbohidratos 13,2 g de proteína 800 mg de sodio

plato vegetariano mediterráneo

Tiempo de preparación: 10 minutos

Hora de cocinar: 20 minutos

Porciones: 4

Nivel de dificultad: Medio

Ingredientes:

- 2 tazas de agua
- 1 taza de trigo bulgur n. 3 o quinua, enjuagadas
- 1½ cucharaditas de sal, divididas
- 1 pinta (2 tazas) de tomates cherry, cortados por la mitad
- 1 pimiento morrón grande, picado
- 1 pepino grande, picado
- 1 taza de aceitunas Kalamata
- ½ taza de jugo de limón recién exprimido
- 1 taza de aceite de oliva virgen extra
- ½ cucharadita de pimienta negra recién molida

Ruta:

Hierva el agua en una cacerola mediana a fuego medio. Agrega bulgur (o quinua) y 1 cucharadita de sal. Tapar y cocinar durante 15-20 minutos.

Para disponer las verduras en 4 tazones, divida visualmente cada tazón en 5 partes. Coloque el bulgur cocido en una parte. Siga con tomates, pimientos morrones, pepinos y aceitunas.

Agregue el jugo de limón, el aceite de oliva, la ½ cucharadita de sal restante y la pimienta negra.

Distribuya el aderezo uniformemente en los 4 tazones. Sirva inmediatamente o cubra y refrigere para más tarde.

Nutrición (por 100 gramos): 772 calorías 9 g de grasa 6 g de proteína 41 g de carbohidratos 944 mg de sodio

Wrap de verduras a la plancha y hummus

Tiempo de preparación: 15 minutos

Hora de cocinar: 10 minutos

Porciones: 6

Nivel de dificultad: Medio

Ingredientes:

- 1 berenjena grande
- 1 cebolla grande
- ½ taza de aceite de oliva virgen extra
- 1 cucharadita de sal
- 6 panecillos lavash o pan de pita grande
- 1 taza de hummus cremoso tradicional

Ruta:

Precalienta una parrilla, una sartén grande o una sartén ligeramente engrasada a fuego medio. Cortar la berenjena y la cebolla en aros. Unte las verduras con aceite de oliva y espolvoree con sal.

Freír las verduras por ambos lados durante 3-4 minutos por lado. Para hacer la envoltura, coloque el lavash o el pan de pita en posición horizontal. Coloque aproximadamente 2 cucharadas de hummus sobre el papel de aluminio.

Distribuya las verduras uniformemente entre los rollos, en capas en un lado del rollo. Doble con cuidado el lado del envoltorio con las verduras encima, metiéndolas y formando un paquete apretado.

Coloque la cubierta con la costura hacia abajo y córtela por la mitad o en tercios.

Puedes envolver cada sándwich en papel de aluminio para mantener su forma y comerlo más tarde.

Nutrición (por 100 gramos): 362 calorías 10 g de grasa 28 g de carbohidratos 15 g de proteína 736 mg de sodio

judías verdes españolas

Tiempo de preparación: 10 minutos
Hora de cocinar: 20 minutos
Porciones: 4
Nivel de dificultad: Fácil

Ingredientes:

- ¼ de taza de aceite de oliva virgen extra
- 1 cebolla grande, finamente picada
- 4 dientes de ajo, finamente picados
- 1 libra de judías verdes, frescas o congeladas, picadas
- 1½ cucharaditas de sal, divididas
- 1 (15 onzas) de tomate cortado en cubitos
- ½ cucharadita de pimienta negra recién molida

Ruta:

Calienta el aceite de oliva, la cebolla y el ajo; Cocine por 1 minuto. Corte las judías verdes en trozos de 2 pulgadas. Agrega las judías verdes y 1 cucharadita de sal a la olla y revuelve para combinar; Cocine por 3 minutos. Agregue los tomates cortados en cubitos, la ½ cucharadita de sal restante y la pimienta negra. cocine por otros 12 minutos, revolviendo ocasionalmente. Servir caliente.

Nutrición (por 100 gramos): 200 calorías 12 g de grasa 18 g de carbohidratos 4 g de proteína 639 mg de sodio

Hash rústico de coliflor y zanahoria

Tiempo de preparación: 10 minutos

Hora de cocinar: 10 minutos

Porciones: 4

Nivel de dificultad: Fácil

Ingredientes:

- 3 cucharadas de aceite de oliva virgen extra
- 1 cebolla grande, finamente picada
- 1 cucharada de ajo, picado
- 2 tazas de zanahorias, cortadas en cubitos
- 4 tazas de trozos de coliflor, lavados
- 1 cucharadita de sal
- ½ cucharadita de comino molido

Ruta:

Cuece el aceite de oliva, la cebolla, el ajo y la zanahoria durante 3 minutos. Corta la coliflor en trozos de 1 pulgada o del tamaño de un bocado. Agrega la coliflor, la sal y el comino a la sartén y mezcla con las zanahorias y las cebollas.

Tapar y cocinar por 3 minutos. Agrega las verduras y cocina por otros 3-4 minutos. Servir caliente.

Nutrición (por 100 gramos): 159 calorías 17 g de grasa 15 g de carbohidratos 3 g de proteína 569 mg de sodio

Coliflor y tomates asados

Tiempo de preparación: 5 minutos

Hora de cocinar: 25 minutos

Porciones: 4

Nivel de dificultad: Medio

Ingredientes:

- 4 tazas de coliflor, cortada en trozos de 1 pulgada
- 6 cucharadas de aceite de oliva virgen extra, dividido
- 1 cucharadita de sal, dividida
- 4 tazas de tomates cherry
- ½ cucharadita de pimienta negra recién molida
- ½ taza de parmesano rallado

Ruta:

Precalienta el horno a 425°F. Agregue la coliflor, 3 cucharadas de aceite de oliva y ½ cucharadita de sal a un tazón grande y revuelva para cubrir uniformemente. Colóquelo en una bandeja para hornear forrada con papel pergamino en una capa uniforme.

En otro tazón grande, agregue los tomates, las 3 cucharadas restantes de aceite de oliva y ½ cucharadita de sal y revuelva para cubrir uniformemente. Vierta en otra bandeja. Coloque la hoja de coliflor y la hoja de tomate en el horno para hornear durante 17-20 minutos, hasta que la coliflor esté ligeramente dorada y los tomates estén regordetes.

Con una espátula, coloque la coliflor en un plato y cubra con los tomates, la pimienta negra y el parmesano. Servir caliente.

Nutrición (por 100 gramos): 294 calorías 14 g de grasa 13 g de carbohidratos 9 g de proteína 493 mg de sodio

Calabaza bellota asada

Tiempo de preparación: 10 minutos

Hora de cocinar: 35 minutos

Porciones: 6

Nivel de dificultad: Medio

Ingredientes:

- 2 calabazas bellotas, medianas a grandes
- 2 cucharadas de aceite de oliva virgen extra
- 1 cucharadita de sal, y más para condimentar
- 5 cucharadas de mantequilla sin sal
- ¼ de taza de hojas de salvia picadas
- 2 cucharadas de hojas frescas de tomillo
- ½ cucharadita de pimienta negra recién molida

Ruta:

Precalienta el horno a 400 F. Corta la calabaza bellota por la mitad a lo largo. Quite las semillas y córtelas horizontalmente en rodajas de ¾ de pulgada de grosor. En un tazón grande, mezcle la calabaza con aceite de oliva, espolvoree con sal y revuelva para cubrir.

Coloque la calabaza bellota en una bandeja para hornear. Coloca la bandeja para hornear en el horno y hornea la calabaza durante 20 minutos. Dale la vuelta a la calabaza con una espátula y cocina por otros 15 minutos.

En una cacerola mediana, derrita la mantequilla a fuego medio. Agrega la salvia y el tomillo a la mantequilla derretida y cocina por 30 segundos. Coloca las rodajas de calabaza cocidas en un plato. Vierta la mezcla de mantequilla y hierbas sobre la calabaza. Sazone con sal y pimienta negro. Servir caliente.

Nutrición (por 100 gramos): 188 calorías 13 g de grasa 16 g de carbohidratos 1 g de proteína 836 mg de sodio

Espinacas al vapor con ajo

Tiempo de preparación: 5 minutos
Hora de cocinar: 10 minutos
Porciones: 4
Nivel de dificultad: Fácil

Ingredientes:

- ¼ de taza de aceite de oliva virgen extra
- 1 cebolla morada grande, en rodajas finas
- 3 dientes de ajo, picados
- 6 bolsas (1 kilo) de espinacas tiernas, lavadas
- ½ cucharadita de sal
- 1 limón cortado en rodajas

Ruta:

Cocine el aceite de oliva, la cebolla y el ajo en una sartén grande durante 2 minutos a fuego medio. Agrega una bolsa de espinacas y ½ cucharadita de sal. Tapa la sartén y deja que las espinacas se ablanden durante 30 segundos. Repita (omitiendo la sal), agregando 1 bolsa de espinacas a la vez.

Cuando se hayan agregado todas las espinacas, retire la tapa y cocine por 3 minutos para permitir que se evapore parte de la humedad. Servir caliente con ralladura de limón encima.

Nutrición (por 100 gramos): 301 calorías 12 g de grasa 29 g de carbohidratos 17 g de proteína 639 mg de sodio

Calabacines al vapor con ajo y menta

Tiempo de preparación: 5 minutos

Hora de cocinar: 10 minutos

Porciones: 4

Nivel de dificultad: Fácil

Ingredientes:

- 3 calabacines verdes grandes
- 3 cucharadas de aceite de oliva virgen extra
- 1 cebolla grande, finamente picada
- 3 dientes de ajo, picados
- 1 cucharadita de sal
- 1 cucharadita de menta seca

Ruta:

Cortar los calabacines en dados de medio centímetro. Cocine el aceite de oliva, la cebolla y el ajo durante 3 minutos, revolviendo constantemente.

Agregue el calabacín y la sal a la sartén, agregue la cebolla y el ajo y cocine por 5 minutos. Agrega la menta a la sartén y revuelve. Cocine por otros 2 minutos. Servir caliente.

Nutrición (por 100 gramos): 147 calorías 16 g de grasa 12 g de carbohidratos 4 g de proteína 723 mg de sodio

okra al vapor

Tiempo de preparación: 55 minutos

Hora de cocinar: 25 minutos

Porciones: 4

Nivel de dificultad: Fácil

Ingredientes:

- ¼ de taza de aceite de oliva virgen extra
- 1 cebolla grande, finamente picada
- 4 dientes de ajo, finamente picados
- 1 cucharadita de sal
- 1 libra de okra fresca o congelada, limpia
- 1 lata (15 onzas) de salsa de tomate natural
- 2 tazas de agua
- ½ taza de cilantro fresco, picado
- ½ cucharadita de pimienta negra recién molida

Ruta:

Mezclar y cocinar el aceite de oliva, la cebolla, el ajo y la sal durante 1 minuto. Agregue la okra y cocine por 3 minutos.

Agrega la salsa de tomate, el agua, el cilantro y la pimienta negra; mezcle, cubra y deje cocinar por 15 minutos, revolviendo ocasionalmente. Servir caliente.

Nutrición (por 100 gramos): 201 calorías 6 g de grasa 18 g de carbohidratos 4 g de proteína 693 mg de sodio

Pimientos dulces rellenos de verduras

Tiempo de preparación: 20 minutos

Hora de cocinar: 30 minutos

Porciones: 6

Nivel de dificultad: Medio

Ingredientes:

- 6 pimientos grandes, de diferentes colores
- 3 cucharadas de aceite de oliva virgen extra
- 1 cebolla grande, finamente picada
- 3 dientes de ajo, picados
- 1 zanahoria, finamente picada
- 1 lata (16 onzas) de garbanzos, enjuagados y escurridos
- 3 tazas de arroz cocido
- 1½ cucharaditas de sal
- ½ cucharadita de pimienta negra recién molida

Ruta:

Precaliente el horno a 350° F. Asegúrese de elegir pimientos que se mantengan firmes. Cortar las cabezas de los pimientos, quitarles las semillas y reservar para más adelante. Coloca los pimientos en una bandeja para horno.

Calienta el aceite de oliva, la cebolla, el ajo y la zanahoria durante 3 minutos. Agrega los garbanzos. Cocine por otros 3 minutos. Retire la sartén del fuego y vierta los ingredientes cocidos en un tazón grande. Agrega el arroz, la sal y la pimienta; júntelo.

Llene cada pimiento hasta arriba y luego vuelva a colocar las tapas de los pimientos. Cubre la bandeja con papel de aluminio y hornea por 25 minutos. Retire el papel de aluminio y cocine por otros 5 minutos. Servir caliente.

Nutrición (por 100 gramos): 301 calorías 15 g de grasa 50 g de carbohidratos 8 g de proteína 803 mg de sodio

Musaka de berenjena

Tiempo de preparación: 55 minutos

Hora de cocinar: 40 minutos

Porciones: 6

Nivel de dificultad: Difícil

Ingredientes:

- 2 berenjenas grandes
- 2 cucharaditas de sal, divididas
- spray de aceite de oliva
- ¼ de taza de aceite de oliva virgen extra
- 2 cebollas grandes, cortadas en rodajas
- 10 dientes de ajo, rebanados
- 2 latas (15 oz) de tomates cortados en cubitos
- 1 lata (16 onzas) de garbanzos, enjuagados y escurridos
- 1 cucharadita de orégano seco
- ½ cucharadita de pimienta negra recién molida

Ruta:

Corta la berenjena horizontalmente en discos redondos de ¼ de pulgada de grosor. Espolvorea las rodajas de berenjena con 1 cucharadita de sal y colócalas en un colador durante 30 minutos.

Precalienta el horno a 450°F. Seque las rodajas de berenjena con toallas de papel y rocíe ambos lados con aceite de oliva, o unte ambos lados ligeramente con aceite de oliva.

Coloque la berenjena en una sola capa sobre una bandeja para hornear. Colocar en el horno y hornear por 10 minutos. Luego voltea las rodajas con una espátula y hornea por otros 10 minutos.

Saltee el aceite de oliva, la cebolla, el ajo y la cucharadita de sal restante. Cocine por 5 minutos, revolviendo ocasionalmente. Agrega los tomates, los garbanzos, el orégano y la pimienta negra. Cocine a fuego lento durante 12 minutos mientras revuelve irregularmente.

En una sartén honda, comience a formar capas, comenzando con la berenjena y luego la salsa. Repita hasta que se utilicen todos los ingredientes. Hornear en el horno durante 20 minutos. Retirar del horno y servir caliente.

Nutrición (por 100 gramos): 262 calorías 11 g de grasa 35 g de carbohidratos 8 g de proteína 723 mg de sodio

Hojas de parra rellenas de verduras

Tiempo de preparación: 50 minutos
Hora de cocinar: 45 minutos
Porciones: 8
Nivel de dificultad: Medio

Ingredientes:

- 2 tazas de arroz blanco, enjuagado
- 2 tomates grandes, cortados en cubitos
- 1 cebolla grande, finamente picada
- 1 cebolla verde, picada
- 1 taza de perejil italiano fresco, finamente picado
- 3 dientes de ajo, picados
- 2½ cucharaditas de sal
- ½ cucharadita de pimienta negra recién molida
- 1 caja (16 oz.) de hojas de parra.
- 1 taza de jugo de limón
- ½ taza de aceite de oliva virgen extra
- 4-6 tazas de agua

Ruta:

Agrega el arroz, los tomates, las cebollas, las cebolletas, el perejil, el ajo, la sal y la pimienta negra. Escurrir y enjuagar las hojas de parra. Prepara una olla grande colocando una capa de hojas de parra en el fondo. Coloque hojas individuales y corte todos los tallos.

Coloque 2 cucharadas de la mezcla de arroz en el fondo de cada hoja. Dobla los lados y luego enrolla lo más apretado posible. Coloque las hojas de parra enrolladas en el plato, disponiendo cada hoja de parra enrollada en una fila. Continúe superponiendo las hojas de parra enrolladas.

Vierta con cuidado el jugo de limón y el aceite de oliva sobre las hojas de parra y agregue suficiente agua para cubrir las hojas de parra 1 pulgada. Coloque un plato grueso, más pequeño que la abertura de la olla, boca abajo sobre las hojas de parra. Tapa la olla y cocina las hojas a fuego medio-bajo durante 45 minutos. Dejar reposar 20 minutos antes de servir. Servir caliente o frío.

Nutrición (por 100 gramos): 532 calorías 15 g de grasa 80 g de carbohidratos 12 g de proteína 904 mg de sodio

Rollo de berenjena a la plancha

Tiempo de preparación: 30 minutos
Hora de cocinar: 10 minutos
Porciones: 6
Nivel de dificultad: Medio

Ingredientes:

- 2 berenjenas grandes
- 1 cucharadita de sal
- 4 onzas de queso de cabra
- 1 taza de requesón
- ¼ de taza de albahaca fresca, picada
- ½ cucharadita de pimienta negra recién molida
- spray de aceite de oliva

Ruta:

Corta la parte superior de la berenjena y córtala a lo largo en rodajas de ¼ de pulgada de grosor. Espolvorea las rodajas con sal y coloca la berenjena en un colador durante 15-20 minutos.

Mezclar el queso de cabra, ricotta, albahaca y pimienta. Caliente una parrilla, una sartén o una parrilla ligeramente engrasada a fuego medio. Secar las rodajas de berenjena y rebozarlas ligeramente con aceite de oliva. Coloca la berenjena en la parrilla, parrilla o sartén y cocina por 3 minutos por cada lado.

Retira la berenjena del fuego y déjala enfriar durante 5 minutos. Para el rollo, coloca una rodaja de berenjena plana, coloca una cucharada de la mezcla de queso en la base de la rodaja y enróllala. Sirva inmediatamente o refrigere hasta el momento de servir.

Nutrición (por 100 gramos): 255 calorías 7 g de grasa 19 g de carbohidratos 15 g de proteína 793 mg de sodio

Tortitas crujientes de calabacín

Tiempo de preparación: 15 minutos

Hora de cocinar: 20 minutos

Porciones: 6

Nivel de dificultad: Fácil

Ingredientes:

- 2 calabacines verdes grandes
- 2 cucharadas de perejil italiano, finamente picado
- 3 dientes de ajo, picados
- 1 cucharadita de sal
- 1 taza de harina
- 1 huevo grande, batido
- ½ taza de agua
- 1 cucharadita de polvo para hornear
- 3 tazas de aceite vegetal o de aguacate

Ruta:

Ralla los calabacines en un bol grande. Agrega al bol el perejil, el ajo, la sal, la harina, el huevo, el agua y la levadura y mezcla. En una olla grande o freidora, caliente el aceite a 365°F a fuego medio.

Deje caer la masa para panqueques cucharada a cucharada en el aceite hirviendo. Con una espumadera, voltee los panqueques y cocínelos hasta que estén dorados, aproximadamente de 2 a 3 minutos. Escurre las tortitas del aceite y colócalas en un plato forrado con papel absorbente. Sirva caliente con tzatziki cremoso o hummus tradicional cremoso como salsa.

Nutrición (por 100 gramos): 446 calorías 2 g de grasa 19 g de carbohidratos 5 g de proteína 812 mg de sodio

Tartas de queso y espinacas

Tiempo de preparación: 20 minutos

Hora de cocinar: 40 minutos

Porciones: 8

Nivel de dificultad: Difícil

Ingredientes:

- 2 cucharadas de aceite de oliva virgen extra
- 1 cebolla grande, finamente picada
- 2 dientes de ajo, picados
- 3 bolsas de 1 kilo de espinacas tiernas, lavadas
- 1 taza de queso feta
- 1 huevo grande, batido
- Hojas de hojaldre

Ruta:

Precalienta el horno a 375°F. Calienta el aceite de oliva, la cebolla y el ajo durante 3 minutos. Agregue las espinacas a la sartén una bolsa a la vez, dejando que se marchiten entre cada bolsa. Mezcle con unas pinzas. Cocine por 4 minutos. Cuando las espinacas estén cocidas, escurre el exceso de líquido de la sartén.

En un bol grande, mezcle el queso feta, el huevo y las espinacas cocidas. Coloca el hojaldre sobre una encimera. Corta la masa en cuadrados de 3 pulgadas. Coloca una cucharada de la mezcla de espinacas en el centro de un hojaldre. Dobla una esquina del cuadrado hacia la esquina diagonal para formar un triángulo. Presione los bordes del bizcocho junto con los dientes de un tenedor. Repita hasta llenar todos los cuadrados.

Coloca las galletas en una bandeja para hornear forrada con papel pergamino y hornea durante 25-30 minutos o hasta que estén doradas. Servir caliente oa temperatura ambiente.

Nutrición (por 100 gramos):503 calorías 6 g de grasa 38 g de carbohidratos 16 g de proteína 836 mg de sodio

Bocaditos de sándwich de pepino

Tiempo de preparación: 5 minutos

Hora de cocinar: 0 minutos

Porciones: 12

Nivel de dificultad: Fácil

Ingredientes:

- 1 pepino, rebanado
- 8 rebanadas de pan integral
- 2 cucharadas de queso crema, suave
- 1 cucharada de cebollino, picado
- ¼ de taza de aguacate, pelado, sin hueso y triturado
- 1 cucharadita de mostaza
- Sal y pimienta negra al gusto

Ruta:

Unta el puré de aguacate sobre cada rebanada de pan, esparce el resto de los ingredientes, excepto las rodajas de pepino.

Divida las rodajas de pepino entre las rebanadas de pan, corte cada rebanada en tercios, colóquelas en un plato para servir y sirva como aperitivo.

Nutrición (por 100 gramos): 187 calorías 12,4 g de grasa 4,5 g de carbohidratos 8,2 g de proteína 736 mg de sodio

Salsa a base de yogur

Tiempo de preparación: 10 minutos
Hora de cocinar: 0 minutos
Porciones: 6
Nivel de dificultad: Fácil

Ingredientes:

- 2 tazas de yogur griego
- 2 cucharadas de pistachos, tostados y picados
- Una pizca de sal y pimienta blanca
- 2 cucharadas de menta picada
- 1 cucharada de aceitunas kalamata deshuesadas y picadas
- ¼ de taza de condimento zaatar
- ¼ de taza de semillas de granada
- 1/3 taza de aceite de oliva

Ruta:

Mezclar el yogur con los pistachos y los demás ingredientes, mezclar bien, dividir en vasos y servir con chips de pita a un lado.

Nutrición (por 100 gramos): 294 calorías 18 g de grasa 2 g de carbohidratos 10 g de proteína 593 mg de sodio

brucheta de tomate

Tiempo de preparación: 10 minutos

Hora de cocinar: 10 minutos

Porciones: 6

Nivel de dificultad: Fácil

Ingredientes:

- 1 baguette, en rodajas
- 1/3 taza de albahaca, picada
- 6 tomates, cortados en cubitos
- 2 dientes de ajo, picados
- Una pizca de sal y pimienta negra
- 1 cucharadita de aceite de oliva
- 1 cucharada de vinagre balsámico
- ½ cucharadita de ajo en polvo
- Spray para cocinar

Ruta:

Coloque las rebanadas de baguette en una bandeja para hornear forrada con papel de hornear y rocíe con aceite en aerosol. Cocine por 10 minutos a 400 grados.

Mezclar los tomates con la albahaca y los demás ingredientes, mezclar bien y dejar reposar 10 minutos. Unta la mezcla de tomate sobre cada rebanada de baguette, dispone todo en un plato y sirve.

Nutrición (por 100 gramos): 162 calorías 4 g de grasa 29 g de carbohidratos 4 g de proteína 736 mg de sodio

Tomates rellenos de aceitunas y queso

Tiempo de preparación: 10 minutos
Hora de cocinar: 0 minutos
Porciones: 24
Nivel de dificultad: Fácil

Ingredientes:

- 24 tomates cherry, córtales la parte superior y saca el interior
- 2 cucharadas de aceite de oliva
- ¼ cucharadita de hojuelas de pimiento rojo
- ½ taza de queso feta, desmenuzado
- 2 cucharadas de pasta de aceitunas negras
- ¼ de taza de menta, triturada

Ruta:

En un bol mezclar la pasta de aceitunas con los demás ingredientes, excepto los tomates cherry, y mezclar bien. Rellena los tomates cherry con esta mezcla, colócalos en un plato y sírvelos como aperitivo.

Nutrición (por 100 gramos): 136 calorías 8,6 g de grasa 5,6 g de carbohidratos 5,1 g de proteína 648 mg de sodio

Tapenada de pimientos

Tiempo de preparación: 10 minutos

Hora de cocinar: 0 minutos

Porciones: 4

Nivel de dificultad: Fácil

Ingredientes:

- 7 onzas de pimiento rojo asado, cortado en cubitos
- ½ taza de parmesano rallado
- 1/3 taza de perejil, picado
- 14 onzas de alcachofas enlatadas, escurridas y picadas
- 3 cucharadas de aceite de oliva
- ¼ de taza de alcaparras, escurridas
- 1 cucharada y media de jugo de limón
- 2 dientes de ajo, picados

Ruta:

En una licuadora, combine el pimiento rojo con el parmesano y el resto de los ingredientes y presione bien. Dividir en vasos y servir como snack.

Nutrición (por 100 gramos): 200 calorías 5,6 g de grasa 12,4 g de carbohidratos 4,6 g de proteína 736 mg de sodio

falafel de cilantro

Tiempo de preparación: 10 minutos
Hora de cocinar: 10 minutos
Porciones: 8
Nivel de dificultad: Fácil

Ingredientes:

- 1 taza de garbanzos enlatados
- 1 manojo de hojas de perejil
- 1 cebolla amarilla, finamente picada
- 5 dientes de ajo, picados
- 1 cucharadita de cilantro molido
- Una pizca de sal y pimienta negra
- ¼ cucharadita de pimienta de cayena
- ¼ cucharadita de bicarbonato de sodio
- ¼ cucharadita de comino en polvo
- 1 cucharadita de jugo de limón
- 3 cucharadas de harina de tapioca
- Aceite de oliva para freír

Ruta:

En un procesador de alimentos, combine los frijoles con el perejil, la cebolla y todos los demás ingredientes excepto el aceite y la harina y mezcle bien. Verter la masa en un bol, agregar la harina, mezclar bien, formar 16 bolitas con esta masa y aplanar un poco.

Calienta la sartén a fuego medio-alto, agrega el falafel, fríe por 5 minutos por ambos lados, coloca en papel absorbente, escurre el exceso de grasa, acomoda en un plato y sirve como aperitivo.

Nutrición (por 100 gramos): 122 calorías 6,2 g de grasa 12,3 g de carbohidratos 3,1 g de proteína 699 mg de sodio

Hummus de pimiento rojo

Tiempo de preparación: 10 minutos

Hora de cocinar: 0 minutos

Porciones: 6

Nivel de dificultad: Fácil

Ingredientes:

- 6 onzas de pimiento rojo asado, pelado y picado
- 16 onzas de garbanzos enlatados, escurridos y enjuagados
- ¼ de taza de yogur griego
- 3 cucharadas de pasta de tahini
- Jugo de 1 limón
- 3 dientes de ajo, picados
- 1 cucharada de aceite de oliva
- Una pizca de sal y pimienta negra
- 1 cucharada de perejil, picado

Ruta:

En un procesador de alimentos, combine el pimiento rojo con el resto de los ingredientes, excepto el aceite y el perejil, y presione bien. Agrega el aceite, vuelve a licuar, divide en vasos, espolvorea con perejil y sirve a modo de media tela.

Nutrición (por 100 gramos): 255 calorías 11,4 g de grasa 17,4 g de carbohidratos 6,5 g de proteína 593 mg de sodio

Salsa de frijoles blancos

Tiempo de preparación: 10 minutos
Hora de cocinar: 0 minutos
Porciones: 4
Nivel de dificultad: Fácil

Ingredientes:

- Lata de 15 oz de frijoles blancos, escurridos y enjuagados
- 6 onzas de alcachofas enlatadas, escurridas y cortadas en cuartos
- 4 dientes de ajo, picados
- 1 cucharada de albahaca, picada
- 2 cucharadas de aceite de oliva
- Jugo de ½ limón
- Ralladura de ½ limón rallada
- Sal y pimienta negra al gusto

Ruta:

En el procesador de alimentos combina los frijoles con las alcachofas y el resto de los ingredientes excepto el aceite y las legumbres. Agrega poco a poco el aceite, vuelve a licuar, divide en tazas y sirve como dip.

Nutrición (por 100 gramos): 27 calorías 11,7 g de grasa 18,5 g de carbohidratos 16,5 g de proteína 668 mg de sodio

Hummus con cordero picado

Tiempo de preparación: 10 minutos

Hora de cocinar: 15 minutos

Porciones: 8

Nivel de dificultad: Fácil

Ingredientes:

- 10 onzas de hummus
- 12 onzas de cordero, molido
- ½ taza de semillas de granada
- ¼ de taza de perejil picado
- 1 cucharada de aceite de oliva
- Servir con chips de pita

Ruta:

Calienta la sartén a fuego medio-alto, agrega la carne y cocina por 15 minutos, revolviendo con frecuencia. Extienda el hummus en un plato para servir, extienda el cordero picado, espolvoree con las semillas de granada y el perejil y sirva con chips de pita como refrigerio.

Nutrición (por 100 gramos): 133 calorías 9,7 g de grasa 6,4 g de carbohidratos 5,4 g de proteína 659 mg de sodio

salsa de berenjena

Tiempo de preparación: 10 minutos
Hora de cocinar: 40 minutos
Porciones: 4
Nivel de dificultad: Fácil

Ingredientes:

- 1 berenjena, ensartada con un tenedor
- 2 cucharadas de pasta de tahini
- 2 cucharadas de jugo de limón
- 2 dientes de ajo, picados
- 1 cucharada de aceite de oliva
- Sal y pimienta negra al gusto
- 1 cucharada de perejil, picado

Ruta:

Coloque la berenjena en una bandeja para hornear, hornee a 400 F durante 40 minutos, enfríe, pélela y transfiérala al procesador de alimentos. Licúa el resto de los ingredientes, excepto el perejil, licúa bien, divide en tazones pequeños y sirve como aperitivo espolvoreado con perejil.

Nutrición (por 100 gramos): 121 calorías 4,3 g de grasa 1,4 g de carbohidratos 4,3 g de proteína 639 mg de sodio

Tortitas de verduras

Tiempo de preparación: 10 minutos
Hora de cocinar: 10 minutos
Porciones: 8
Nivel de dificultad: Fácil

Ingredientes:

- 2 dientes de ajo, picados
- 2 cebollas amarillas, finamente picadas
- 4 chalotes, finamente picados
- 2 zanahorias ralladas
- 2 cucharaditas de comino molido
- ½ cucharadita de cúrcuma en polvo
- Sal y pimienta negra al gusto
- ¼ cucharadita de cilantro molido
- 2 cucharadas de perejil picado
- ¼ cucharadita de jugo de limón
- ½ taza de harina de almendras
- 2 remolachas, peladas y ralladas
- 2 huevos batidos
- ¼ taza de harina de tapioca
- 3 cucharadas de aceite de oliva

Ruta:

En un bol mezclar el ajo con la cebolla, la chalota y los demás ingredientes, excepto el aceite, mezclar bien y formar tortitas medianas con esta mezcla.

Calienta la sartén a fuego medio-alto, agrega los panqueques, cocina por 5 minutos por cada lado, coloca en un plato y sirve.

Nutrición (por 100 gramos): 209 calorías 11,2 g de grasa 4,4 g de carbohidratos 4,8 g de proteína 726 mg de sodio

Albóndigas de cordero bulgur

Tiempo de preparación: 10 minutos
Hora de cocinar: 15 minutos
Porciones: 6
Nivel de dificultad: Fácil

Ingredientes:

- 1 ½ tazas de yogur griego
- ½ cucharadita de comino molido
- 1 taza de pepino, cortado en cubitos
- ½ cucharadita de ajo picado
- Una pizca de sal y pimienta negra
- 1 taza de bulgur
- 2 tazas de agua
- 1 kilo de cordero, picado
- ¼ de taza de perejil picado
- ¼ de taza de chalotes, finamente picados
- ½ cucharadita de pimienta de Jamaica, molida
- ½ cucharadita de canela molida
- 1 cucharada de aceite de oliva

Ruta:

Mezclar el bulgur con agua, tapar el bol, dejar reposar 10 minutos, escurrir y colocar en un bol. Agrega la carne, el yogur y el resto de los ingredientes excepto el aceite, mezcla bien y forma albóndigas medianas con esta mezcla. Calienta la sartén a fuego medio-alto, agrega las albóndigas, cocina por 7 minutos por lado, coloca en un plato y sirve como aperitivo.

Nutrición (por 100 gramos): 300 calorías 9,6 g de grasa 22,6 g de carbohidratos 6,6 g de proteína 644 mg de sodio

Bocaditos de pepino

Tiempo de preparación: 10 minutos

Hora de cocinar: 0 minutos

Porciones: 12

Nivel de dificultad: Fácil

Ingredientes:

- 1 pepino inglés, cortado en 32 rodajas
- 10 onzas de hummus
- 16 tomates cherry, cortados por la mitad
- 1 cucharada de perejil, picado
- 1 onza de queso feta, desmenuzado

Ruta:

Unte hummus sobre cada pepino, divida cada tomate por la mitad, espolvoree con queso y perejil y sirva como aperitivo.

Nutrición (por 100 gramos): 162 calorías 3,4 g de grasa 6,4 g de carbohidratos 2,4 g de proteína 702 mg de sodio

aguacate relleno

Tiempo de preparación: 10 minutos
Hora de cocinar: 0 minutos
Porciones: 2
Nivel de dificultad: Fácil

Ingredientes:

- 1 aguacate, partido por la mitad y sin hueso
- Lata de 10 oz de atún, escurrido
- 2 cucharadas de tomates secados al sol, picados
- 1 cucharada y media de pesto de albahaca
- 2 cucharadas de aceitunas negras, deshuesadas y picadas
- Sal y pimienta negra al gusto
- 2 cucharaditas de piñones, tostados y picados
- 1 cucharada de albahaca, picada

Ruta:

Mezclar el atún con los tomates secos y el resto de ingredientes, excepto el aguacate, y mezclar. Rellena la mitad del aguacate con la mezcla de atún y sirve como aperitivo.

Nutrición (por 100 gramos): 233 calorías 9 g de grasa 11,4 g de carbohidratos 5,6 g de proteína 735 mg de sodio

ciruelas envasadas

Tiempo de preparación: 5 minutos
Hora de cocinar: 0 minutos
Porciones: 8
Nivel de dificultad: Fácil

Ingredientes:

- 2 onzas de jamón, cortado en 16 trozos
- 4 ciruelas en cuartos
- 1 cucharada de cebollino, picado
- Una pizca de hojuelas de chile, trituradas

Ruta:

Envuelva cada cuarto de ciruela en una loncha de jamón, colóquelo en un plato, espolvoree con cebollino y pimentón y sirva.

Nutrición (por 100 gramos): 30 calorías 1 g de grasa 4 g de carbohidratos 2 g de proteína 439 mg de sodio

Feta marinado y alcachofa

Tiempo de preparación: 10 minutos, más 4 horas de inactividad

Hora de cocinar: 10 minutos

Porciones: 2

Nivel de dificultad: Fácil

Ingredientes:

- 4 onzas de queso feta griego tradicional, cortado en cubos de ½ pulgada
- 4 onzas de corazones de alcachofa escurridos, cortados en cuartos a lo largo
- 1/3 taza de aceite de oliva virgen extra
- Ralladura y jugo de 1 limón
- 2 cucharadas de romero fresco picado en trozos grandes
- 2 cucharadas de perejil fresco picado en trozos grandes
- ½ cucharadita de pimienta negra

Ruta:

En un bol de cristal, mezcle el queso feta y los corazones de alcachofa. Agregue el aceite de oliva, la ralladura y el jugo de limón, el romero, el perejil y los granos de pimienta y revuelva suavemente para cubrir, asegurándose de que el queso feta no se desmorone.

Refrigere por 4 horas o hasta 4 días. Sácalo de la nevera 30 minutos antes de servir.

Nutrición (por 100 gramos): 235 calorías 23 g de grasa 1 g de carbohidratos 4 g de proteína 714 mg de sodio

Croqueta de atún

Tiempo de preparación: 40 minutos, varias horas durante la noche para que se enfríe

Hora de cocinar: 25 minutos

Porciones: 36

Nivel de dificultad: Difícil

Ingredientes:

- 6 cucharadas de aceite de oliva virgen extra, más 1-2 tazas
- 5 cucharadas de harina de almendras, más 1 taza, dividida
- 1¼ tazas de crema espesa
- 1 lata (4 oz) de atún aleta amarilla envasado con aceite de oliva
- 1 cucharada de cebolla morada picada
- 2 cucharaditas de alcaparras picadas
- ½ cucharadita de eneldo seco
- ¼ de cucharadita de pimienta negra recién molida
- 2 huevos grandes
- 1 taza de pan rallado panko (o versión sin gluten)

Ruta:

Calienta 6 cucharadas de aceite de oliva en una sartén grande a fuego medio-bajo. Agrega 5 cucharadas de harina de almendras y cocina, revolviendo constantemente, durante 2-3 minutos hasta que se forme una pasta suave y la harina esté ligeramente dorada.

Encienda el fuego a medio-alto y agregue gradualmente la crema, batiendo constantemente, hasta que esté completamente suave y espesa, otros 4-5 minutos. Retirar y añadir el atún, la cebolla morada, las alcaparras, el eneldo y el pimiento.

Transfiera la mezcla a un molde cuadrado de 8 pulgadas bien cubierto con aceite de oliva y reserve a temperatura ambiente. Envuelva y refrigere durante 4 horas o hasta toda la noche. Disponer tres tazones para darle forma a la croqueta. Batir los huevos en uno de ellos. En otro, agrega el resto de la harina de almendras. En el tercero, agrega el panko. Forrar una bandeja con papel de horno.

Agrega aproximadamente una cucharada de la masa preparada fría a la mezcla de harina y enróllala. Sacude el exceso y enróllalo formando un óvalo con las manos.

Sumerge la croqueta en el huevo batido y luego cúbrela finamente con panko. Colocar en una bandeja forrada y repetir con el resto de la masa.

En una sartén pequeña, caliente las 1-2 tazas restantes de aceite de oliva a fuego medio-alto.

Cuando el aceite esté caliente, sofreír las croquetas 3-4 veces dependiendo del tamaño de la sartén, luego retirarlas con una espumadera cuando estén doradas. Deberá ajustar la temperatura del aceite de vez en cuando para evitar que se queme. Si la masa se vuelve marrón oscura muy rápidamente, reduzca la temperatura.

Nutrición (por 100 gramos): 245 calorías 22 g de grasa 1 g de carbohidratos 6 g de proteína 801 mg de sodio

Crudité de salmón ahumado

Tiempo de preparación: 10 minutos
Hora de cocinar: 15 minutos
Porciones: 4
Nivel de dificultad: Fácil

Ingredientes:

- 6 onzas de salmón ahumado salvaje
- 2 cucharadas de alioli de ajo asado
- 1 cucharada de mostaza Dijon
- 1 cucharada de chalotes picados, solo las partes verdes
- 2 cucharaditas de alcaparras picadas
- ½ cucharadita de eneldo seco
- 4 escarolas o corazones de lechuga romana
- ½ pepino inglés, cortado en cubitos de ¼ de pulgada de espesor

Ruta:

Pica el salmón ahumado en trozos grandes y ponlo en un bol pequeño. Añade el alioli, el Dijon, las chalotas, las alcaparras y el eneldo y mezcla bien. Adorna las escarolas y las rodajas de pepino con una cucharada de la mezcla de salmón ahumado y disfruta frío.

Nutrición (por 100 gramos): 92 calorías 5 g de grasa 1 g de carbohidratos 9 g de proteína 714 mg de sodio

Aceitunas marinadas Cítricos

Tiempo de preparación: 4 horas

Hora de cocinar: 0 minutos

Porciones: 2

Nivel de dificultad: Fácil

Ingredientes:

- 2 tazas de aceitunas verdes deshuesadas mixtas
- ¼ de taza de vinagre de vino tinto
- ¼ de taza de aceite de oliva virgen extra
- 4 dientes de ajo, finamente picados
- Piel y jugo de 1 naranja grande
- 1 cucharadita de hojuelas de pimiento rojo
- 2 hojas de laurel
- ½ cucharadita de comino molido
- ½ cucharadita de pimienta de Jamaica molida

Ruta:

Agregue las aceitunas, el vinagre, el aceite, el ajo, la cáscara y el jugo de naranja, las hojuelas de chile, la hoja de laurel, el comino y la pimienta de Jamaica y mezcle bien. Cubra y refrigere durante 4 horas o hasta una semana para permitir que las aceitunas se marinen y se volteen antes de servir.

Nutrición (por 100 gramos): 133 calorías 14 g de grasa 2 g de carbohidratos 1 g de proteína 714 mg de sodio

Anchoas en tapenade de oliva

Tiempo de preparación: 1 hora 10 minutos

Hora de cocinar: 0 minutos

Porciones: 2

Nivel de dificultad: Medio

Ingredientes:

- 2 tazas de aceitunas Kalamata sin hueso u otras aceitunas negras
- 2 filetes de anchoa, picados
- 2 cucharaditas de alcaparras picadas
- 1 diente de ajo, finamente picado
- 1 yema de huevo cocida
- 1 cucharadita de mostaza Dijon
- ¼ de taza de aceite de oliva virgen extra
- Galletas saladas con semillas, sándwich versátil o verdura, para servir (opcional)

Ruta:

Enjuagar las aceitunas en agua fría y escurrir bien. Coloque las aceitunas escurridas, las anchoas, las alcaparras, el ajo, la yema de huevo y el Dijon en un procesador de alimentos, licuadora o frasco grande (si usa una batidora de mano). Trabaja hasta obtener una pasta espesa. Mientras corre, agregue poco a poco el aceite de oliva.

Transfiera a un tazón pequeño, cubra y refrigere durante al menos 1 hora para permitir que los sabores se mezclen. Sirva con galletas saladas sin semillas, encima de un sándwich redondo versátil o con sus verduras crujientes favoritas.

Nutrición (por 100 gramos): 179 calorías 19 g de grasa 2 g de carbohidratos 2 g de proteína 82 mg de sodio

huevos rellenos griegos

Tiempo de preparación: 45 minutos

Hora de cocinar: 15 minutos

Porciones: 4

Nivel de dificultad: Fácil

Ingredientes:

- 4 huevos duros grandes
- 2 cucharadas de alioli de ajo asado
- ½ taza de queso feta finamente desmenuzado
- 8 aceitunas Kalamata deshuesadas y picadas
- 2 cucharadas de tomates secos picados
- 1 cucharada de cebolla morada picada
- ½ cucharadita de eneldo seco
- ¼ de cucharadita de pimienta negra recién molida

Ruta:

Corta los huevos duros por la mitad a lo largo, retira las yemas y coloca las yemas en un bol mediano. Reservar la mitad de las claras y reservar. Batir bien la yema con un tenedor. Agregue el alioli, el queso feta, las aceitunas, los tomates secos, la cebolla, el eneldo y el pimiento y mezcle hasta que quede suave y cremoso.

Vierta el relleno en cada mitad de clara de huevo y refrigere, tapado, durante 30 minutos o hasta 24 horas.

Nutrición (por 100 gramos): 147 calorías 11 g de grasa 6 g de carbohidratos 9 g de proteína 736 mg de sodio

galletas manchegas

Tiempo de preparación: 1 hora 15 minutos

Hora de cocinar: 15 minutos

Porciones: 20

Nivel de dificultad: Difícil

Ingredientes:

- 4 cucharadas de mantequilla, a temperatura ambiente
- 1 taza de queso manchego finamente rallado
- 1 taza de harina de almendras
- 1 cucharadita de sal, dividida
- ¼ de cucharadita de pimienta negra recién molida
- 1 huevo grande

Ruta:

Con una batidora eléctrica, mezcle la mantequilla y el queso rallado hasta que estén bien combinados y suaves. Mezclar la harina de almendras con ½ cucharadita de sal y pimienta. Agrega poco a poco la mezcla de harina de almendras al queso, revolviendo continuamente hasta que la masa forme una bola.

Coloque un trozo de pergamino o envoltura plástica y enróllelo hasta formar un tronco cilíndrico de aproximadamente 1 1/2 pulgadas de espesor. Selle herméticamente y congele durante al menos 1 hora. Precaliente el horno a 350° F. Forre 2 bandejas para hornear con papel pergamino o bandejas para hornear de silicona.

Para el huevo batido, mezcle el huevo y la ½ cucharadita de sal restante. Cortar la masa enfriada en trozos pequeños, de aprox.

Pincelar la parte superior de las galletas con huevo y hornear hasta que estén doradas y crujientes. Colocar sobre una rejilla para enfriar.

Sirva caliente o, si está completamente frío, guárdelo en un recipiente hermético en el refrigerador hasta por 1 semana.

Nutrición (por 100 gramos): 243 calorías 23 g de grasa 1 g de carbohidratos 8 g de proteína 804 mg de sodio

Un montón de burrata Caprese

Tiempo de preparación: 5 minutos

Hora de cocinar: 0 minutos

Porciones: 4

Nivel de dificultad: Fácil

Ingredientes:

- 1 tomate orgánico grande, preferiblemente reliquia
- ½ cucharadita de sal
- ¼ de cucharadita de pimienta negra recién molida
- 1 bola (4 onzas) de burrata
- 8 hojas de albahaca fresca en rodajas finas
- 2 cucharadas de aceite de oliva virgen extra
- 1 cucharada de vino tinto o vinagre balsámico

Ruta:

Cortar los tomates en 4 rodajas gruesas, quitarles el corazón duro y espolvorear con sal y pimienta. Coloque los tomates en un plato con el lado sazonado hacia arriba. En un plato con borde aparte, corte la burrata en 4 rodajas gruesas y coloque una encima de cada rodaja de tomate. Coloque un cuarto de albahaca encima de cada uno y vierta encima la crema de burrata reservada del plato circular.

Rocíe con aceite de oliva y vinagre, luego sirva con tenedor y cuchillo.

Nutrición (por 100 gramos): 153 calorías 13 g de grasa 1 g de carbohidratos 7 g de proteína 633 mg de sodio

Buñuelos de ricotta y calabacín con alioli de limón y ajo

Tiempo de preparación: 10 minutos más 20 minutos de descanso

Hora de cocinar: 25 minutos

Porciones: 4

Nivel de dificultad: Difícil

Ingredientes:

- 1 calabacín grande o 2 pequeños/medianos
- 1 cucharadita de sal, dividida
- ½ taza de requesón de leche entera
- 2 chalotes
- 1 huevo grande
- 2 dientes de ajo, finamente picados
- 2 cucharadas de menta fresca picada (opcional)
- 2 cucharaditas de piel de limón rallada
- ¼ de cucharadita de pimienta negra recién molida
- ½ taza de harina de almendras
- 1 cucharadita de polvo para hornear
- 8 cucharadas de aceite de oliva virgen extra

- 8 cucharadas de alioli de ajo asado o mayonesa de aceite de aguacate

Ruta:

Coloca los calabacines picados en un colador o sobre varias capas de toallas de papel. Espolvorea con ½ cucharadita de sal y deja reposar durante 10 minutos. Presione los calabacines con otra capa de toallas de papel para liberar el exceso de humedad y séquelos. Agregue el calabacín escurrido, la ricota, las chalotas, el huevo, el ajo, la menta (si se usa), la ralladura de limón, la ½ cucharadita de sal restante y la pimienta.

Tamizar juntos la harina de almendras y el polvo para hornear. Mezcla la mezcla de harina con la mezcla de calabacín y deja reposar por 10 minutos. Freír los panqueques en una sartén grande, trabajando en cuatro tandas. Para cada tanda de cuatro, caliente 2 cucharadas de aceite de oliva a fuego medio-alto. Agregue 1 cucharada colmada de masa de calabacín por panqueque, luego presione hacia abajo con el dorso de una cuchara para formar panqueques de 2 a 3 pulgadas. Cubra y deje cocinar durante 2 minutos antes de voltear. Hornee por otros 2-3 minutos, tapado, o hasta que esté crujiente, dorado y bien cocido. Es posible que tengas que reducir el fuego a medio para evitar que se queme. Retirar de la sartén y mantener caliente.

Repita para los tres lotes restantes, usando 2 cucharadas de aceite de oliva para cada lote. Sirva los panqueques calientes con alioli.

Nutrición (por 100 gramos): 448 calorías 42 g de grasa 2 g de carbohidratos 8 g de proteína 744 mg de sodio

Pepino relleno de salmón

Tiempo de preparación: 10 minutos

Hora de cocinar: 0 minutos

Porciones: 4

Nivel de dificultad: Fácil

Ingredientes:

- 2 pepinos grandes, pelados
- 1 lata (4 oz) de salmón rojo
- 1 aguacate mediano muy maduro
- 1 cucharada de aceite de oliva virgen extra
- Ralladura y jugo de 1 lima
- 3 cucharadas de cilantro fresco picado
- ½ cucharadita de sal
- ¼ de cucharadita de pimienta negra recién molida

Ruta:

Corta el pepino en rodajas de 1 pulgada de grosor y, usando una cuchara para raspar las semillas del centro de cada rodaja, colócalas en un plato. En un tazón mediano, combine el salmón, el aguacate, el aceite de oliva, la ralladura y el jugo de lima, el cilantro, la sal y la pimienta y revuelva hasta que esté cremoso.

Vierte la mezcla de salmón en el centro de cada rodaja de pepino y sirve frío.

Nutrición (por 100 gramos): 159 calorías 11 g de grasa 3 g de carbohidratos 9 g de proteína 739 mg de sodio

Paté de queso de cabra y caballa

Tiempo de preparación: 10 minutos
Hora de cocinar: 0 minutos
Porciones: 4
Nivel de dificultad: Fácil

Ingredientes:

- 4 oz de caballa salvaje con aceite de oliva
- 2 onzas de queso de cabra
- Ralladura y jugo de 1 limón
- 2 cucharadas de perejil fresco picado
- 2 cucharadas de rúcula fresca picada
- 1 cucharada de aceite de oliva virgen extra
- 2 cucharaditas de alcaparras picadas
- 1 o 2 cucharaditas de rábano picante fresco (opcional)
- Galletas saladas, pepino, escarola o apio, para servir (opcional)

Ruta:

En un procesador de alimentos, licuadora o tazón grande, combine la caballa, el queso de cabra, la ralladura y el jugo de limón, el perejil, la rúcula, el aceite de oliva, las alcaparras y el rábano picante (si se usa). Procese o mezcle hasta que quede suave y cremoso.

Sirva con galletas saladas, rodajas de pepino, escarola o apio. Guárdelo tapado en el refrigerador hasta por 1 semana.

Nutrición (por 100 gramos): 118 calorías 8 g de grasa 6 g de carbohidratos 9 g de proteína 639 mg de sodio

El sabor de las bombas de grasa mediterráneas

Tiempo de preparación: 4 horas 15 minutos
Hora de cocinar: 0 minutos
Porciones: 6
Nivel de dificultad: Medio

Ingredientes:

- 1 taza de queso de cabra desmenuzado
- 4 cucharadas de pesto en un frasco
- 12 aceitunas Kalamata deshuesadas y picadas
- ½ taza de nueces finamente picadas
- 1 cucharada de romero fresco picado

Ruta:

En un tazón mediano, mezcle el queso de cabra, el pesto y las aceitunas, luego mezcle bien con un tenedor. Congele durante 4 horas para que se endurezca.

Con las manos, forme 6 bolas con la mezcla de aproximadamente ¾ de pulgada de diámetro. La mezcla quedará pegajosa.

Coloque las nueces y el romero en un tazón pequeño y enrolle las bolas de queso de cabra en la mezcla de nueces para cubrirlas. Guarde las bombas de grasa en el refrigerador hasta por 1 semana o en el congelador hasta por 1 mes.

Nutrición (por 100 gramos): 166 calorías 15 g de grasa 1 g de carbohidratos 5 g de proteína 736 mg de sodio

gazpacho de aguacate

Tiempo de preparación: 15 minutos
Hora de cocinar: 10 minutos
Porciones: 4
Nivel de dificultad: Fácil

Ingredientes:

- 2 tazas de tomates picados
- 2 aguacates maduros grandes, partidos por la mitad y sin hueso
- 1 pepino grande, pelado y sin corazón
- 1 pimiento morrón mediano (rojo, naranja o amarillo), finamente picado
- 1 taza de yogur griego con leche entera
- ¼ de taza de aceite de oliva virgen extra
- ¼ de taza de cilantro fresco picado
- ¼ de taza de chalotes picados, solo las partes verdes
- 2 cucharadas de vinagre de vino tinto
- Jugo de 2 limas o 1 limón
- ½ a 1 cucharadita de sal
- ¼ de cucharadita de pimienta negra recién molida

Ruta:

En una licuadora, combine los tomates, el aguacate, el pepino, el pimiento morrón, el yogur, el aceite de oliva, el cilantro, las chalotas, el vinagre y el jugo de lima. Mezclar hasta que quede suave.

Sazone con sal y mezcle los sabores. Servir frío.

Nutrición (por 100 gramos): 392 calorías 32 g de grasa 9 g de carbohidratos 6 g de proteína 694 mg de sodio

Tazas de ensalada de pastel de cangrejo

Tiempo de preparación: 35 minutos

Hora de cocinar: 20 minutos

Porciones: 4

Nivel de dificultad: Medio

Ingredientes:

- 1 kilo de cangrejo enorme
- 1 huevo grande
- 6 cucharadas de alioli de ajo asado
- 2 cucharadas de mostaza Dijon
- ½ taza de harina de almendras
- ¼ de taza de cebolla morada picada
- 2 cucharaditas de pimentón ahumado
- 1 cucharadita de sal de apio
- 1 cucharadita de ajo en polvo
- 1 cucharadita de eneldo seco (opcional)
- ½ cucharadita de pimienta negra recién molida
- ¼ de taza de aceite de oliva virgen extra
- 4 hojas grandes de lechuga Bibb, sin espinas gruesas

Ruta:

Coloque la carne de cangrejo en un tazón grande y retire las cáscaras visibles, luego rompa la carne con un tenedor. En un bol pequeño, mezcla el huevo, 2 cucharadas de alioli y la mostaza de Dijon. Agregue a la carne de cangrejo y mezcle con un tenedor.

Agregue la harina de almendras, la cebolla morada, el pimentón, la sal de apio, el ajo en polvo, el eneldo (si lo usa), la pimienta y mezcle bien. Dejar reposar a temperatura ambiente durante 10-15 minutos.

Forme 8 pasteles pequeños, de aproximadamente 2 pulgadas de diámetro. Calienta el aceite de oliva a fuego medio-alto. Hornea los pasteles hasta que estén dorados, 2-3 minutos por lado. Envuelva, reduzca el fuego a bajo y cocine por otros 6-8 minutos, o hasta que cuaje en el centro. Retirar de la sartén.

Para servir, envuelva 2 pasteles de cangrejo pequeños en cada hoja de lechuga y decore con 1 cucharada de alioli.

Nutrición (por 100 gramos): 344 calorías 24 g de grasa 2 g de carbohidratos 24 g de proteína 804 mg de sodio

Wrap de ensalada de pollo con naranja y estragón

Tiempo de preparación: 15 minutos
Hora de cocinar: 0 minutos
Porciones: 4
Nivel de dificultad: Fácil

Ingredientes:

- ½ taza de yogur griego con leche entera
- 2 cucharadas de mostaza Dijon
- 2 cucharadas de aceite de oliva virgen extra
- 2 cucharadas de estragón fresco
- ½ cucharadita de sal
- ¼ de cucharadita de pimienta negra recién molida
- 2 tazas de pollo cocido desmenuzado
- ½ taza de almendras rebanadas
- 4-8 hojas grandes de lechuga Bibb, sin tallos duros
- 2 aguacates maduros pequeños, pelados y cortados en rodajas finas
- 1 clementina o la piel de ½ naranja pequeña (aprox. 1 cucharada)

Ruta:

En un tazón mediano, combine el yogur, la mostaza, el aceite de oliva, el estragón, la ralladura de naranja, la sal y la pimienta y mezcle hasta que quede cremoso. Agrega la pechuga de pollo desmenuzada y las almendras y reboza.

Para armar los wraps, coloque aproximadamente ½ taza de la mezcla de ensalada de pollo en el centro de cada hoja de lechuga y cubra con rodajas de aguacate.

Nutrición (por 100 gramos): 440 calorías 32 g de grasa 8 g de carbohidratos 26 g de proteína 607 mg de sodio

Champiñones rellenos de queso feta y quinoa

Tiempo de preparación: 5 minutos
Hora de cocinar: 8 minutos
Porciones: 6
Nivel de dificultad: Medio

Ingredientes:

- 2 cucharadas de pimiento rojo cortado en cubitos
- 1 diente de ajo, picado
- ¼ taza de quinua cocida
- 1/8 cucharadita de sal
- ¼ de cucharadita de orégano seco
- 24 champiñones, tallos
- 2 onzas de queso feta desmenuzado
- 3 cucharadas de pan rallado integral
- Aceite en aerosol para cocinar

Ruta:

Precalienta el horno a 360°F. En un tazón pequeño, combine los pimientos morrones, el ajo, la quinua, la sal y el orégano. Vierta el relleno de quinua en las tapas de los champiñones hasta que estén llenas. Agrega un pequeño trozo de queso feta encima de cada champiñón. Espolvorea una pizca de pan rallado sobre el queso feta de cada champiñón.

Cubra la canasta de la freidora con aceite de oliva en aerosol para cocinar, luego coloque con cuidado los champiñones en la canasta, asegurándose de que no se toquen entre sí.

Coloca la canasta en el horno ventilador y hornea por 8 minutos. Retirar del horno y servir.

Nutrición (por 100 gramos): 97 calorías 4 g de grasa 11 g de carbohidratos 7 g de proteína 677 mg de sodio

Falafel de cinco ingredientes con salsa de ajo y yogur

Tiempo de preparación: 5 minutos
Hora de cocinar: 15 minutos
Porciones: 4
Nivel de dificultad: Difícil

Ingredientes:

- para el falafel
- 1 lata (15 onzas) de garbanzos, escurridos y enjuagados
- ½ taza de perejil fresco
- 2 dientes de ajo, picados
- ½ cucharada de comino molido
- 1 cucharada de harina integral
- sal
- Para la salsa de yogur y ajo
- 1 taza de yogur griego bajo en grasa
- 1 diente de ajo, picado
- 1 cucharada de eneldo fresco picado
- 2 cucharadas de jugo de limón

Ruta:

para hacer falafel

Precalienta el horno a 360°F. Coloca los garbanzos en un procesador de alimentos. Licue hasta que esté casi picado, luego agregue el perejil, el ajo y el comino y licue por unos minutos más hasta que los ingredientes estén blandos.

Agrega la harina. Pulse unas cuantas veces más hasta que se combinen. Tendrá la consistencia de una mezcla, pero hay que cortar los garbanzos en trozos pequeños. Con las manos limpias, enrolle la masa en 8 bolas del mismo tamaño, luego bátalas ligeramente para que queden discos de aproximadamente la mitad de su grosor.

Cubra la canasta de la freidora con aceite de oliva en aerosol, luego coloque las hamburguesas de falafel en la canasta en una sola capa, asegurándose de que no se toquen entre sí. Hornear en horno aire durante 15 minutos.

Para preparar la salsa de yogur y ajo

Mezclar el yogur, el ajo, el eneldo y el jugo de limón. Cuando el falafel esté cocido y bien dorado por todos lados, retírelo de la freidora y sazone con sal. Sirva caliente con salsa para mojar.

Nutrición (por 100 gramos): 151 calorías 2 g de grasa 10 g de carbohidratos 12 g de proteína 698 mg de sodio

Camarones al limón con aceite de oliva al ajillo

Tiempo de preparación: 5 minutos
Hora de cocinar: 6 minutos
Porciones: 4
Nivel de dificultad: Medio

Ingredientes:

- 1 libra de camarones medianos, limpios y desvenados
- ¼ de taza más 2 cucharadas de aceite de oliva, cantidad dividida
- Jugo de ½ limón
- 3 dientes de ajo, picados y divididos
- ½ cucharadita de sal
- ¼ cucharadita de hojuelas de pimiento rojo
- Rodajas de limón, para servir (opcional)
- Salsa marinara, para mojar (opcional)

Ruta:

Precalienta el horno a 380°F. Mezcle los camarones con 2 cucharadas de aceite de oliva, jugo de limón, 1/3 taza de ajo picado, sal y hojuelas de pimiento rojo, luego cúbralos bien.

En un molde pequeño, combine el ¼ de taza de aceite de oliva restante y el resto del ajo picado. Retire el papel de aluminio de 12" x 12". Coloque los camarones en el centro del papel de aluminio, luego doble los lados y junte los bordes para formar un recipiente de papel de aluminio abierto en la parte superior. Coloque este paquete en la canasta de la freidora.

Cocine los camarones durante 4 minutos, luego abra la freidora y coloque los moldes de aceite y ajo en la canasta junto al paquete de camarones. Cocine por otros 2 minutos. Transfiera los camarones a un plato o fuente con aceite de oliva y ajo a un lado para mojar. También se puede servir con rodajas de limón y salsa marinara, si se desea.

Nutrición (por 100 gramos): 264 calorías 21 g de grasa 10 g de carbohidratos 16 g de proteína 473 mg de sodio

Patatas fritas crujientes con salsa de yogur y limón

Tiempo de preparación: 5 minutos
Hora de cocinar: 5 minutos
Porciones: 4
Nivel de dificultad: Medio

Ingredientes:

- <u>Para las judías verdes</u>
- 1 huevo
- 2 cucharadas de agua
- 1 cucharada de harina integral
- ¼ cucharadita de pimentón
- ½ cucharadita de ajo en polvo
- ½ cucharadita de sal
- ¼ taza de pan rallado integral
- ½ kilo de judías verdes enteras
- <u>Para salsa de yogur y limón</u>
- ½ taza de yogur griego bajo en grasa
- 1 cucharada de jugo de limón
- ¼ cucharadita de sal
- 1/8 cucharadita de pimienta de cayena

Dirección:

Para hacer judías verdes

Precalienta el horno a 380°F.

En un tazón mediano poco profundo, bata el huevo y el agua hasta que esté espumoso. En un tazón mediano poco profundo aparte, mezcle la harina, el pimentón, el ajo en polvo y la sal, luego agregue el pan rallado.

Rocíe el fondo de la freidora con aceite en aerosol. Sumerja cada judía verde en la mezcla de huevo, luego en la mezcla de pan rallado y cubra el exterior con las migas. Coloque las judías verdes en una sola capa en el fondo de la canasta de la freidora.

Hornee en horno ventilador durante 5 minutos o hasta que el pan rallado esté dorado.

Para preparar la salsa de yogur y limón

Agrega el yogur, el jugo de limón, la sal y la cayena. Sirve los chips de judías verdes con la salsa de yogur de limón como botana o aperitivo.

Nutrición (por 100 gramos): 88 calorías 2 g de grasa 10 g de carbohidratos 7 g de proteína 697 mg de sodio

Chips de pita caseros con sal marina

Tiempo de preparación: 2 minutos

Hora de cocinar: 8 minutos

Porciones: 2

Nivel de dificultad: Fácil

Ingredientes:

- 2 focaccia integral
- 1 cucharada de aceite de oliva
- ½ cucharadita de sal kosher

Rutas

Precalienta el horno a 360°F. Corta cada pita en 8 rebanadas. En un tazón mediano, mezcle las rebanadas de pita, el aceite de oliva y la sal hasta que las rebanadas estén cubiertas y el aceite de oliva y la sal se distribuyan uniformemente.

Coloque las rebanadas de pita en la canasta de la freidora en una capa uniforme y hornee durante 6-8 minutos.

Sazone con sal adicional al gusto. Sirve solo o con tu salsa favorita.

Nutrición (por 100 gramos): 230 calorías 8 g de grasa 11 g de carbohidratos 6 g de proteína 810 mg de sodio

Salsa De Spanakopita Frita

Tiempo de preparación: 10 minutos

Hora de cocinar: 15 minutos

Porciones: 2

Nivel de dificultad: Medio

Ingredientes:

- Aceite en aerosol para cocinar
- 3 cucharadas de aceite de oliva, dividido
- 2 cucharadas de cebolla blanca finamente picada
- 2 dientes de ajo, picados
- 4 tazas de espinacas frescas
- 4 onzas de queso crema, ablandado
- 4 onzas de queso feta, dividido
- Ralladura de 1 limón
- ¼ cucharadita de nuez moscada molida
- 1 cucharadita de eneldo seco
- ½ cucharadita de sal
- Chips de pita, palitos de zanahoria o rebanadas de pan para servir (opcional)

Ruta:

Precalienta el horno a 360°F. Cubra el interior de un molde para hornear de 6 pulgadas con aceite de oliva en aerosol.

Calienta 1 cucharada de aceite de oliva en una sartén grande a fuego medio. Agrega la cebolla y cocina por 1 minuto. Agrega el ajo y cocina, revolviendo, durante 1 minuto más.

Reduce el fuego y agrega las espinacas y el agua. Cocine hasta que las espinacas se ablanden. Retira la sartén del fuego. En un tazón mediano, combine el queso crema, 2 onzas de queso feta y el resto del aceite de oliva, la ralladura de limón, la nuez moscada, el eneldo y la sal. Mezclar hasta que se combinen.

Agrega las verduras a la base de queso y mezcla. Vierta la mezcla de salsa en los moldes preparados y cubra con las 2 onzas restantes de queso feta.

Coloque la salsa en la canasta de la freidora y cocine durante 10 minutos o hasta que esté completamente caliente y burbujeante. Sirva con chips de pita, palitos de zanahoria o rebanadas de pan.

Nutrición (por 100 gramos): 550 calorías 52 g de grasa 21 g de carbohidratos 14 g de proteína 723 mg de sodio

Dip de cebolla perla asada

Tiempo de preparación: 5 minutos

Hora de cocinar: 12 minutos más 1 hora de enfriamiento

Porciones: 4

Nivel de dificultad: Medio

Ingredientes:

- 2 tazas de chalotas peladas
- 3 dientes de ajo
- 3 cucharadas de aceite de oliva, dividido
- ½ cucharadita de sal
- 1 taza de yogur griego bajo en grasa
- 1 cucharada de jugo de limón
- ¼ cucharadita de pimienta negra
- 1/8 cucharadita de hojuelas de pimiento rojo
- Chips de pita, verduras o tostadas para servir (opcional)

Ruta:

Precalienta el horno a 360°F. En un tazón grande, mezcle las cebolletas y el ajo con 2 cucharadas de aceite de oliva hasta que las cebollas estén bien cubiertas.

Vierta la mezcla de ajo y cebolla en la canasta de la freidora y ase durante 12 minutos. Coloca el ajo y la cebolla en un procesador de alimentos. Limpiamos las verduras varias veces hasta que la cebolla se corta, pero aún queda en trozos pequeños.

Agregue el ajo y la cebolla y la cucharada restante de aceite de oliva, sal, yogur, jugo de limón, pimienta negra y hojuelas de pimiento rojo. Deje enfriar durante 1 hora antes de servir con chips de pita, verduras o tostadas.

Nutrición (por 100 gramos): 150 calorías 10 g de grasa 6 g de carbohidratos 7 g de proteína 693 mg de sodio

Tapenada de pimiento rojo

Tiempo de preparación: 5 minutos

Hora de cocinar: 5 minutos

Porciones: 4

Nivel de dificultad: Medio

Ingredientes:

- 1 pimiento rojo grande
- 2 cucharadas más 1 cucharadita de aceite de oliva
- ½ taza de aceitunas Kalamata, deshuesadas y picadas en trozos grandes
- 1 diente de ajo, picado
- ½ cucharadita de orégano seco
- 1 cucharada de jugo de limón

Ruta:

Precalienta el horno a 380°F. Cepille el exterior de un chile entero con 1 cucharadita de aceite de oliva y colóquelo en la canasta de la freidora. Hornee por 5 minutos. Mientras tanto, bate las 2 cucharadas restantes de aceite de oliva con las aceitunas, el ajo, el orégano y el jugo de limón en un tazón mediano.

Retire los chiles de la freidora, luego corte finamente los tallos y retire las semillas. Cortar el pimiento asado en trozos pequeños.

Agregue los chiles a la mezcla de aceitunas y revuelva para combinar. Sirva con chips de pita, galletas saladas o picatostes.

Nutrición (por 100 gramos): 104 calorías 10 g de grasa 9 g de carbohidratos 1 g de proteína 644 mg de sodio

Pieles de patata griega con aceitunas y queso feta

Tiempo de preparación: 5 minutos
Hora de cocinar: 45 minutos
Porciones: 4
Nivel de dificultad: Difícil

Ingredientes:

- 2 patatas rojas
- 3 cucharadas de aceite de oliva
- 1 cucharadita de sal kosher, dividida
- ¼ cucharadita de pimienta negra
- 2 cucharadas de cilantro fresco
- ¼ de taza de aceitunas Kalamata, picadas
- ¼ de taza de queso feta desmenuzado
- Perejil fresco finamente picado, para decorar (opcional)

Ruta:

Precalienta el horno a 380°F. Con un tenedor, haga 2 o 3 agujeros en las patatas y luego cubra cada uno con aproximadamente ½ cucharada de aceite de oliva y ½ cucharadita de sal.

Coloque las papas en la canasta de la freidora y cocine por 30 minutos. Retire las patatas de la freidora y córtelas por la mitad. Con una cuchara, raspe la pulpa de las papas, dejando una capa de papa de ½ pulgada dentro de la piel y reserve la piel.

En un tazón mediano, mezcle el centro de las papas ahuecadas con las 2 cucharadas restantes de aceite de oliva, ½ cucharadita de sal, pimienta negra y cilantro. Mezclar bien. Divida el relleno de papa en las pieles de papa ahora vacías y extiéndalas uniformemente sobre ellas. Adorne cada papa con una cucharada de aceitunas y queso feta.

Regrese las pieles de papa rellenas al horno y hornee por 15 minutos. Si lo desea, sirva con cilantro o perejil picado adicional y un chorrito de aceite de oliva.

Nutrición (por 100 gramos): 270 calorías 13 g de grasa 34 g de carbohidratos 5 g de proteína 672 mg de sodio

Focaccia Pita Alcachofas y aceitunas

Tiempo de preparación: 5 minutos

Hora de cocinar: 10 minutos

Porciones: 4

Nivel de dificultad: Fácil

Ingredientes:

- 2 focaccia integral
- 2 cucharadas de aceite de oliva, dividido
- 2 dientes de ajo, picados
- ¼ cucharadita de sal
- ½ taza de corazones de alcachofa enlatados, rebanados
- ¼ de taza de aceitunas Kalamata
- ¼ de taza de parmesano rallado
- ¼ de taza de queso feta desmenuzado
- Perejil fresco finamente picado, para decorar (opcional)

Ruta:

Precalienta el horno a 380°F. Unte cada pita con 1 cucharada de aceite de oliva y luego espolvoree con ajo picado y sal.

Divida los corazones de alcachofa, las aceitunas y el queso en partes iguales entre las dos focaccias y cocine ambos en el horno ventilador durante 10 minutos. Antes de servir, saca las pitas y córtalas en 4 partes. Si es necesario, espolvorea perejil por encima.

Nutrición (por 100 gramos): 243 calorías 15 g de grasa 10 g de carbohidratos 7 g de proteína 644 mg de sodio

pequeños pasteles de cangrejo

Tiempo de preparación: 10 minutos

Hora de cocinar: 10 minutos

Porciones: 6

Nivel de dificultad: Medio

Ingredientes:

- 8 onzas de carne de cangrejo
- 2 cucharadas de pimiento rojo cortado en cubitos
- 1 chalota, partes blanca y verde, cortada en cubitos
- 1 diente de ajo, picado
- 1 cucharada de alcaparras, picadas
- 1 cucharada de yogur griego bajo en grasa
- 1 huevo batido
- ¼ taza de pan rallado integral
- ¼ cucharadita de sal
- 1 cucharada de aceite de oliva
- 1 limón cortado en rodajas

Ruta:

Precalienta el horno a 360°F. En un tazón mediano, mezcle el cangrejo, el pimiento morrón, las cebolletas, el ajo y las alcaparras hasta que se combinen. Agrega el yogur y el huevo. Revuelva hasta incorporar. Agrega el pan rallado y la sal.

Divide la mezcla en 6 partes iguales y divide las albóndigas. Coloque los pasteles de cangrejo en la canasta de la freidora en una sola capa, individualmente. Unta la superficie de cada albóndiga con un poco de aceite de oliva. Cocine por 10 minutos.

Retire los pasteles de cangrejo de la freidora y sírvalos con rodajas de limón a un lado.

Nutrición (por 100 gramos): 87 calorías 4 g de grasa 6 g de carbohidratos 9 g de proteína 574 mg de sodio

Rollo de calabacín y queso feta

Tiempo de preparación: 10 minutos

Hora de cocinar: 10 minutos

Porciones: 6

Nivel de dificultad: Medio

Ingredientes:

- ½ taza de queso feta
- 1 diente de ajo, picado
- 2 cucharadas de albahaca fresca, picada
- 1 cucharada de alcaparras, picadas
- 1/8 cucharadita de sal
- 1/8 cucharadita de hojuelas de pimiento rojo
- 1 cucharada de jugo de limón
- 2 calabacines medianos
- 12 palillos

Ruta:

Precalienta el horno a 360°F. (Si usa un accesorio para parrilla, asegúrese de que esté dentro de la freidora cuando lo precaliente). En un tazón pequeño, combine el queso feta, el ajo, la albahaca, las alcaparras, la sal, las hojuelas de chile y el jugo de limón.

Corte los calabacines a lo largo en tiras de 1/8 de pulgada. (Cada calabacín debe constar de aproximadamente 6 tiras). Unte 1 cucharada de relleno de queso en cada rodaja de calabacín, luego enróllela y asegúrela en el medio con un palillo.

Coloque los rollos de calabacín en la canasta de la freidora en una sola capa, uno a la vez. Hornee en el horno o grill durante 10 minutos. Antes de servir, saca los rollitos de calabacín del horno y retira con cuidado los palillos.

Nutrición (por 100 gramos): 46 calorías 3 g de grasa 6 g de carbohidratos 3 g de proteína 710 mg de sodio

Lubina en tu bolsillo

Tiempo de preparación: 10 minutos

Hora de cocinar: 25 minutos

Porciones: 4

Nivel de dificultad: Medio

Ingredientes:

- 4 filetes de lubina
- 4 dientes de ajo, rebanados
- 1 tallo de apio, rebanado
- 1 calabacín, en rodajas
- 1 c. tomates cherry cortados por la mitad
- 1 chalota, en rodajas
- 1 cucharadita. Orégano seco
- Sal pimienta

Ruta:

Mezcle el ajo, el apio, el calabacín, los tomates, las chalotas y el orégano en un bol. Añadir sal y pimienta al gusto. Toma 4 trozos de papel de horno y colócalos sobre la superficie de trabajo. Vierta la mezcla de verduras en el centro de cada hoja.

Coloque un filete de pescado encima y luego envuelva bien el papel para que parezca un bolsillo. Coloque el pescado envuelto en una bandeja para hornear y hornee en un horno precalentado a 350 F/176 C durante 15 minutos. El pescado se sirve caliente y fresco.

Nutrición (por 100 gramos):149 calorías 2,8 g de grasa 5,2 g de carbohidratos 25,2 g de proteína 696 mg de sodio

Pasta cremosa con salmón ahumado

Tiempo de preparación: 5 minutos

Hora de cocinar: 35 minutos

Porciones: 4

Nivel de dificultad: Medio

Ingredientes:

- 2 cucharadas. aceite de oliva
- 2 dientes de ajo, picados
- 1 chalota, finamente picada
- 4 onzas. o 113 g de salmón ahumado picado
- 1 c. guisantes verdes
- 1 c. crema
- Sal pimienta
- 1 pizca de hojuelas de chile
- 8 oz. o 230 g de penne
- 6c. cascada

Ruta:

Coloca la sartén a fuego medio-alto y agrega el aceite. Agrega el ajo y las chalotas. Cocine por 5 minutos o hasta que estén tiernos. Agrega los guisantes, la sal, la pimienta y las hojuelas de pimiento rojo. Cocine por 10 minutos

Agrega el salmón y cocina por otros 5-7 minutos. Agrega la nata, reduce el fuego y cocina por otros 5 minutos.

Mientras tanto poner una cacerola con agua y sal al gusto a fuego alto, una vez que hierva agregar el penne y cocinar por 8-10 minutos o hasta que esté suave, escurrir la pasta y agregarla a la salsa de salmón. y servir.

Nutrición (por 100 gramos): 393 calorías 20,8 g de grasa 38 g de carbohidratos 3 g de proteína 836 mg de sodio

Pollo griego en olla de cocción lenta

Tiempo de preparación: 20 minutos

Tiempo de cocción: 3 horas

Porciones: 4

Nivel de dificultad: Medio

Ingredientes:

- 1 cucharada de aceite de oliva virgen extra
- 2 kilos de pechuga de pollo deshuesada
- ½ cucharadita de sal kosher
- ¼ cucharadita de pimienta negra
- 1 lata (12 oz) de pimientos rojos asados
- 1 taza de aceitunas Kalamata
- 1 cebolla morada mediana finamente picada
- 3 cucharadas de vinagre de vino tinto
- 1 cucharada de ajo picado
- 1 cucharadita de miel
- 1 cucharadita de orégano seco
- 1 cucharadita de tomillo seco
- ½ taza de queso feta (opcional, para servir)
- Hierbas frescas picadas: cualquier mezcla de albahaca, perejil o tomillo (opcional, para servir)

Ruta:

Cubra la olla de cocción lenta con aceite en aerosol antiadherente o aceite de oliva. Calienta el aceite de oliva en una sartén grande. Sazone ambos lados de la pechuga de pollo. Cuando el aceite esté caliente, añade las pechugas de pollo y fríe por ambos lados (unos 3 minutos).

Una vez cocido, transfiéralo a la olla de cocción lenta. Agrega el pimiento rojo, las aceitunas y la cebolla morada a las pechugas de pollo. Intenta colocar las verduras alrededor del pollo y no directamente encima.

En un tazón pequeño, mezcla el vinagre, el ajo, la miel, el orégano y el tomillo. Una vez que se haya unido, viértelo sobre el pollo. Cocine el pollo a fuego lento durante 3 horas o hasta que el centro ya no esté rosado. Sirva con queso feta desmenuzado y hierbas frescas.

Nutrición (por 100 gramos): 399 calorías 17 g de grasa 12 g de carbohidratos 50 g de proteína 793 mg de sodio

Pinchos de pollo

Tiempo de preparación: 10 minutos

Tiempo de cocción: 4 horas

Porciones: 4

Nivel de dificultad: Medio

Ingredientes:

- 2 libras. pechuga de pollo deshuesada o nuggets de pollo
- Jugo de un limon
- 3 dientes de ajo
- 2 cucharaditas de vinagre de vino tinto
- 2-3 cucharadas de aceite de oliva
- ½ taza de yogur griego
- 2 cucharaditas de orégano seco
- 2-4 cucharaditas de condimento griego
- ½ cebolla morada pequeña, finamente picada
- 2 cucharadas de eneldo
- Salsa tzatziki griega
- 1 taza de yogur griego natural
- 1 cucharada de eneldo
- 1 pepino inglés pequeño, picado
- Una pizca de sal y pimienta
- 1 cucharadita de cebolla en polvo
- <u>Para las especias:</u>

- Tomate
- pepino picado
- Cebolla morada picada
- queso feta cortado en cubitos
- Pan de pita desmenuzado

Ruta:

Corta la pechuga de pollo en cubos y ponla en la olla de cocción lenta. Agregue el jugo de limón, el ajo, el vinagre, el aceite de oliva, el yogur griego, el orégano, el condimento griego, la cebolla morada y el eneldo a la olla de cocción lenta y revuelva para combinar bien.

Cocine a fuego lento durante 5-6 horas o a fuego alto durante 2-3 horas. Mientras tanto, agrega todos los ingredientes a la salsa tzatziki y mezcla. Cuando esté bien combinado lo metemos en el frigorífico hasta que el pollo esté listo.

Cuando el pollo esté listo, sírvelo con pan de pita y uno o todos los aderezos mencionados anteriormente.

Nutrición (por 100 gramos): 317 calorías 7,4 g de grasa 36,1 g de carbohidratos 28,6 g de proteína 476 mg de sodio

Cassoulet de pollo en olla de cocción lenta

Tiempo de preparación: 10 minutos

Hora de cocinar: 20 minutos

Porciones: 16

Nivel de dificultad: Medio

Ingredientes:

- 1 taza de frijoles blancos secos, remojados
- 8 muslos de pollo deshuesados y sin piel
- 1 salchicha polaca, cocida y picada (opcional)
- 1¼ tazas de jugo de tomate
- 1 lata (28 oz) de tomates cortados por la mitad
- 1 cucharada de salsa inglesa
- 1 cucharadita de gránulos de sopa instantánea de carne o pollo
- ½ cucharadita de albahaca seca
- ½ cucharadita de orégano seco
- ½ cucharadita de pimentón
- ½ taza de apio picado
- ½ taza de zanahorias picadas
- ½ taza de cebolla picada

Ruta:

Cubra la olla de cocción lenta con aceite de oliva o aceite en aerosol antiadherente. En un bol, mezcle el jugo de tomate, los tomates, la salsa inglesa, el caldo de res, la albahaca, el orégano y el pimentón. Asegúrate de que los ingredientes estén bien mezclados.

Coloca el pollo y la salchicha en la olla de cocción lenta y cúbrelos con la mezcla de jugo de tomate. Agrega el apio, la zanahoria y la cebolla. Cocine a fuego lento durante 10-12 horas.

Nutrición (por 100 gramos):244 calorías 7 g de grasa 25 g de carbohidratos 21 g

Pollo provenzal cocido a fuego lento

Tiempo de preparación: 5 minutos

Tiempo de cocción: 8 horas

Porciones: 4

Nivel de dificultad: Fácil

Ingredientes:

- 4 mitades de pechuga de pollo (6 onzas) con hueso y sin piel.
- 2 cucharaditas de albahaca seca
- 1 cucharadita de tomillo seco
- 1/8 cucharadita de sal
- 1/8 cucharadita de pimienta negra recién molida
- 1 pimiento amarillo, cortado en cubitos
- 1 pimiento rojo, cortado en cubitos
- 1 lata (15,5 oz) de frijoles cannellini
- 1 lata (14,5 onzas) de tomates pequeños con albahaca, ajo y orégano, escurridos

Ruta:

Unte la olla de cocción lenta con aceite de oliva antiadherente. Pon todos los ingredientes en la olla de cocción lenta y mezcla. Cocine a fuego lento durante 8 horas.

Nutrición (por 100 gramos): 304 calorías 4,5 g de grasa 27,3 g de carbohidratos 39,4 g de proteína 639 mg de sodio

pavo asado griego

Tiempo de preparación: 20 minutos

Hora de cocinar: 7:30 am

Porciones: 8

Nivel de dificultad: Medio

Ingredientes:

- 1 (4 libras) de pechuga de pavo deshuesada, recortada
- ½ taza de caldo de pollo, dividido
- 2 cucharadas de jugo de limón fresco
- 2 tazas de cebolla picada
- ½ taza de aceitunas Kalamata deshuesadas
- ½ taza de tomates secados al sol en aceite, en rodajas finas
- 1 cucharadita de condimento griego
- ½ cucharadita de sal
- ¼ de cucharadita de pimienta negra recién molida
- 3 cucharadas de harina para todo uso (o integral)

Ruta:

Cubra la olla de cocción lenta con aceite en aerosol antiadherente o aceite de oliva. Agregue el pavo, ¼ de taza de caldo de pollo, jugo de limón, cebolla, aceitunas, tomates secados al sol, condimento griego, sal y pimienta a la olla de cocción lenta.

Cocine a fuego lento durante 7 horas. Tamice la harina en el ¼ de taza restante de caldo de pollo y luego revuelva suavemente en la olla de cocción lenta. Cocine por otros 30 minutos.

Nutrición (por 100 gramos): 341 calorías 19 g de grasa 12 g de carbohidratos 36,4 g de proteína 639 mg de sodio

Cuscús de pollo al ajillo

Tiempo de preparación: 25 minutos

Tiempo de cocción: 7 horas

Porciones: 4

Nivel de dificultad: Medio

Ingredientes:

- 1 pollo entero, cortado en trozos
- 1 cucharada de aceite de oliva virgen extra
- 6 dientes de ajo, cortados por la mitad
- 1 vaso de vino blanco seco
- 1 taza de cuscús
- ½ cucharadita de sal
- ½ cucharadita de pimienta
- 1 cebolla morada mediana, en rodajas finas
- 2 cucharaditas de tomillo seco
- 1/3 taza de harina integral

Ruta:

Calienta el aceite de oliva en una sartén pesada. Cuando la sartén esté caliente, agrega el pollo para que se dore. Asegúrese de que los trozos de pollo no se toquen entre sí. Hornee con la piel hacia abajo durante unos 3 minutos o hasta que estén dorados.

Cubra la olla de cocción lenta con aceite en aerosol antiadherente o aceite de oliva. Coloca la cebolla, el ajo y el tomillo en la olla de cocción lenta y espolvorea con sal y pimienta. Coloca el pollo encima de las cebollas.

En un bol aparte mezcla la harina con el vino hasta que no queden grumos, luego viértelo sobre el pollo. Cocine a fuego lento durante 7 horas o hasta que estén tiernos. Puedes cocinar hasta por 3 horas a temperatura alta. Sirva el pollo encima del cuscús cocido y luego vierta la salsa encima.

Nutrición (por 100 gramos): 440 calorías 17,5 g de grasa 14 g de carbohidratos 35,8 g de proteína 674 mg de sodio

Karahi de pollo

Tiempo de preparación: 5 minutos

Tiempo de cocción: 5 horas

Porciones: 4

Nivel de dificultad: Fácil

Ingredientes:

- 2 libras. pechuga o muslo de pollo
- ¼ taza de aceite de oliva
- 1 lata pequeña de pasta de tomate
- 1 cucharada de mantequilla
- 1 cebolla grande, picada
- ½ taza de yogur griego natural
- ½ taza de agua
- 2 cucharadas de pasta de ajo y jengibre
- 3 cucharadas de hojas de fenogreco
- 1 cucharadita de cilantro molido
- 1 tomate mediano
- 1 cucharadita de chile rojo
- 2 chiles verdes
- 1 cucharadita de cúrcuma
- 1 cucharada de garam masala
- 1 cucharadita de comino en polvo
- 1 cucharadita de sal marina
- ¼ cucharadita de nuez moscada

Ruta:

Cubra la olla de cocción lenta con aceite en aerosol antiadherente. Mezcle bien todas las especias en un tazón pequeño. Agrega el pollo a la olla de cocción lenta, luego agrega el resto de los ingredientes, incluida la mezcla de especias. Revuelve hasta que todo esté bien mezclado con las especias.

Cocine a fuego lento durante 4-5 horas. Sirva con naan o pan italiano.

Nutrición (por 100 gramos): 345 calorías 9,9 g de grasa 10 g de carbohidratos 53,7 g de proteína 715 mg de sodio

Cacciatora de pollo con cebada

Tiempo de preparación: 20 minutos

Tiempo de cocción: 4 horas

Porciones: 6

Nivel de dificultad: Fácil

Ingredientes:

- 2 kilos de muslos de pollo con piel
- 1 cucharada de aceite de oliva
- 1 taza de champiñones, en cuartos
- 3 zanahorias, finamente picadas
- 1 tarro de aceitunas Kalamata
- 2 latas (14 oz) de tomates cortados en cubitos
- 1 lata pequeña de pasta de tomate
- 1 vaso de vino tinto
- 5 dientes de ajo
- 1 taza de cebada

Ruta:

Calienta el aceite de oliva en una sartén grande. Cuando el aceite esté caliente, añade el pollo con la piel hacia abajo y sofríe. Asegúrese de que los trozos de pollo no se toquen entre sí.

Una vez que el pollo esté dorado, agrégalo a la olla de cocción lenta con todos los ingredientes excepto el orzo. Cocine el pollo a fuego lento durante 2 horas, luego agregue el orzo y cocine por 2 horas más. Sirva con pan francés crujiente.

Nutrición (por 100 gramos): 424 calorías 16 g de grasa 10 g de carbohidratos 11 g de proteína 845 mg de sodio

Daube provenzal a fuego lento

Tiempo de preparación: 15 minutos
Tiempo de cocción: 8 horas
Porciones: 8
Nivel de dificultad: Medio

Ingredientes:

- 1 cucharada de aceite de oliva
- 10 dientes de ajo, picados
- 2 libras. asado deshuesado
- 1½ cucharaditas de sal, divididas
- ½ cucharadita de pimienta negra recién molida
- 1 vaso de vino tinto seco
- 2 tazas de zanahorias, picadas
- 1 ½ tazas de cebolla, picada
- ½ taza de caldo de res
- 1 (14 onzas) de tomate cortado en cubitos
- 1 cucharada de puré de tomate
- 1 cucharadita de romero fresco, picado
- 1 cucharadita de tomillo fresco finamente picado
- ½ cucharadita de cáscara de naranja rallada
- ½ cucharadita de canela molida
- ¼ cucharadita de clavo molido
- 1 hoja de laurel

Ruta:

Calienta una sartén y agrega aceite de oliva. Agrega el ajo y la cebolla picados y cocina hasta que la cebolla se ablande y el ajo comience a dorarse.

Agrega la carne cortada en cubitos, sazona con sal y pimienta y sofríe hasta que la carne se dore. Transfiera la carne a la olla de cocción lenta. Agrega el caldo de res a la sartén y déjalo cocinar durante unos 3 minutos para desglasar la sartén, luego viértelo en la olla de cocción lenta sobre la carne.

Agrega el resto de los ingredientes a la olla de cocción lenta y mezcla bien. Configure la olla de cocción lenta a fuego lento y cocine durante 8 horas, o póngala a fuego alto y cocine durante 4 horas. Sirva con pasta al huevo, arroz o pan italiano crujiente.

Nutrición (por 100 gramos): 547 calorías 30,5 g de grasa 22 g de carbohidratos 45,2 g de proteína 809 mg de sodio

Osso Bucco

Tiempo de preparación: 30 minutos

Tiempo de cocción: 8 horas

Porciones: 3

Nivel de dificultad: Medio

Ingredientes:

- 4 muslos de ternera o muslos de ternera
- 1 cucharadita de sal marina
- ½ cucharadita de pimienta negra molida
- 3 cucharadas de harina integral
- 1-2 cucharadas de aceite de oliva
- 2 cebollas medianas, picadas
- 2 zanahorias medianas, cortadas en cubitos
- 2 tallos de apio, cortados en cubitos
- 4 dientes de ajo, picados
- 1 (14 onzas) de tomate cortado en cubitos
- 2 cucharaditas de hojas secas de tomillo
- ½ taza de caldo de carne o de verduras

Ruta:

Sazone ambos lados de los nudillos y luego páselos por harina para cubrirlos. Calienta una sartén grande a fuego alto. Agrega el aceite de oliva. Cuando el aceite esté caliente añadir los codillos y sofreírlos uniformemente por ambos lados. Cuando esté dorado, transfiéralo a la olla de cocción lenta.

Vierta el caldo en la sartén y hierva durante 3-5 minutos, revolviendo para que la sartén se ponga roja. Transfiera el resto de los ingredientes a la olla de cocción lenta y agregue el caldo en la sartén.

Pon la olla de cocción lenta a fuego lento y cocina durante 8 horas. Osso Bucco se sirve con quinua, arroz integral o incluso arroz de coliflor.

Nutrición (por 100 gramos): 589 calorías 21,3 g de grasa 15 g de carbohidratos 74,7 g de proteína 893 mg de sodio

Bourguignon de ternera cocido a fuego lento

Tiempo de preparación: 5 minutos
Tiempo de cocción: 8 horas
Porciones: 8
Nivel de dificultad: Difícil

Ingredientes:

- 1 cucharada de aceite de oliva virgen extra
- 6 onzas de tocino, picado en trozos grandes
- 3 libras de pechuga de res, sin grasa y cortada en cubos de 2 pulgadas
- 1 zanahoria grande, en rodajas
- 1 cebolla blanca grande, picada
- 6 dientes de ajo, picados y divididos
- ½ cucharadita de sal gruesa
- ½ cucharadita de pimienta recién molida
- 2 cucharadas de harina integral
- 12 cebollas pequeñas
- 3 copas de vino tinto (Merlot, Pinot Noir o Chianti)
- 2 tazas de caldo de res
- 2 cucharadas de pasta de tomate
- 1 cubito de caldo de res, triturado
- 1 cucharadita de tomillo fresco, picado
- 2 cucharadas de perejil fresco

- 2 hojas de laurel
- 2 cucharadas de mantequilla o 1 cucharada de aceite de oliva
- 1 kilo de champiñones pequeños frescos, blancos o marrones, cortados en cuartos

Ruta:

Calienta una sartén a fuego medio-alto y agrega el aceite de oliva. Cuando el aceite esté caliente, fríe el tocino hasta que esté crujiente y luego póngalo en la olla de cocción lenta. Agrega la grasa de tocino a la sartén.

Seque la carne y fríala en la misma sartén con la grasa del tocino hasta que todos los lados estén dorados uniformemente. Transfiera a la olla de cocción lenta.

Combine la cebolla y la zanahoria en la olla de cocción lenta y sazone con sal y pimienta. Mezcla los ingredientes y asegúrate de que todo esté sazonado.

Agrega el vino tinto a la sartén y hierve durante 4 a 5 minutos para que se dore la sartén, luego agrega la harina y revuelve hasta que quede suave. Cocine hasta que el líquido reduzca y espese un poco.

Una vez que el líquido se haya espesado, viértelo en la olla de cocción lenta y revuelve para cubrir todo con la mezcla de vino. Agrega el puré de tomate, el cubo de sopa, el tomillo, el perejil, los 4 dientes de ajo y la hoja de laurel. Configure la olla de cocción lenta a temperatura alta y cocine durante 6 horas, o ajuste a temperatura baja y cocine durante 8 horas.

Ablanda la mantequilla o calienta el aceite de oliva en una sartén a fuego medio. Cuando el aceite esté caliente, agrega los 2 dientes de ajo restantes y cocina durante aproximadamente 1 minuto antes de agregar los champiñones. Cocine los champiñones hasta que estén suaves, luego póngalos en la olla de cocción lenta y revuelva.

Servir con puré de patatas, arroz o pasta.

Nutrición (por 100 gramos): 672 calorías 32 g de grasa 15 g de carbohidratos 56 g de proteína 693 mg de sodio

ternera balsámica

Tiempo de preparación: 5 minutos
Tiempo de cocción: 8 horas
Porciones: 10
Nivel de dificultad: Medio

Ingredientes:

- 2 libras. asado deshuesado
- 1 cucharada de aceite de oliva
- Frotamiento
- 1 cucharadita de ajo en polvo
- ½ cucharadita de cebolla en polvo
- 1 cucharadita de sal marina
- ½ cucharadita de pimienta negra recién molida
- Salsa
- ½ taza de vinagre balsámico
- 2 cucharadas de miel
- 1 cucharada de mostaza con miel
- 1 taza de caldo de res
- 1 cucharada de tapioca, harina integral o maicena (para espesar la salsa después de cocinar, si es necesario)

Ruta:

Agrega todos los ingredientes para el aderezo.

En un recipiente aparte, mezcle el vinagre balsámico, la miel, la mostaza con miel y el caldo de res. Unte el asado con aceite de oliva y luego frótelo con la mezcla de especias. Coloca el asado en la olla de cocción lenta y vierte la salsa sobre él. Pon la olla de cocción lenta a fuego lento y cocina durante 8 horas.

Si desea espesar la salsa después de cocinar el asado, transfiérala de la olla de cocción lenta a un tazón. Luego vierte el líquido en una cacerola y déjalo hervir en la estufa. Mezcle la harina hasta que quede suave y cocine a fuego lento hasta que la salsa espese.

Nutrición (por 100 gramos): 306 calorías 19 g de grasa 13 g de carbohidratos 25 g de proteína 823 mg de sodio

ternera asada

Tiempo de preparación: 20 minutos
Tiempo de cocción: 5 horas
Porciones: 8
Nivel de dificultad: Medio

Ingredientes:

- 2 cucharadas de aceite de oliva
- Sal pimienta
- 3 libras de ternera asada deshuesada, atada
- 4 zanahorias medianas, peladas
- 2 chirivías, peladas y cortadas por la mitad
- 2 colinabos blancos, pelados y cortados en cuartos
- 10 dientes de ajo, pelados
- 2 ramitas de tomillo fresco
- 1 naranja, pelada y rallada
- 1 taza de caldo de pollo o ternera

Ruta:

Calienta una sartén grande a fuego medio-alto. Rocíe la ternera asada con aceite de oliva y luego sazone con sal y pimienta. Cuando la sartén esté caliente, añadir la ternera asada y dorar por todos lados. Se necesitan unos 3 minutos por cada lado, pero este proceso sella los jugos y deja la carne jugosa.

Cuando esté cocido, mételo en la olla de cocción lenta. Agrega las zanahorias, las chirivías, los nabos y el ajo a la sartén. Revuelva y cocine durante unos 5 minutos, pero no del todo, solo para que la ternera se dore y le dé color.

Transfiera las verduras a la olla de cocción lenta y colóquelas alrededor de la carne. Sazone con tomillo asado y piel de naranja. Corta la naranja por la mitad, presiona el jugo sobre la pulpa. Agrega el caldo de pollo y luego cocina el asado a fuego lento durante 5 horas.

Nutrición (por 100 gramos): 426 calorías 12,8 g de grasa 10 g de carbohidratos 48,8 g de proteína 822 mg de sodio

Arroz mediterráneo y embutido

Tiempo de preparación: 15 minutos

Tiempo de cocción: 8 horas

Porciones: 6

Nivel de dificultad: Medio

Ingredientes:

- 1½ kilos de salchicha italiana desmenuzada
- 1 cebolla mediana, finamente picada
- 2 cucharadas de salsa para bistec
- 2 tazas de arroz de grano largo, crudo
- 1 (14 oz.) tomate cortado en cubitos con jugo
- ½ taza de agua
- 1 pimiento verde mediano, cortado en cubitos

Ruta:

Rocíe su olla de cocción lenta con aceite de oliva o spray para cocinar antiadherente. Agrega la salchicha, la cebolla y la salsa para bistec a la olla de cocción lenta. A temperatura baja durante 8-10 horas.

Pasadas las 8 horas, añade el arroz, los tomates, el agua y el pimiento verde. Mezclar bien. Cocine por otros 20-25 minutos.

Nutrición (por 100 gramos): 650 calorías 36 g de grasa 11 g de carbohidratos 22 g de proteína 633 mg de sodio

albóndigas españolas

Tiempo de preparación: 20 minutos
Tiempo de cocción: 5 horas
Porciones: 6
Nivel de dificultad: Difícil

Ingredientes:

- 1 kilo de pavo molido
- 1 libra de cerdo molido
- 2 huevos
- 1 (20 oz) de tomate cortado en cubitos
- ¾ taza de cebolla dulce, finamente picada y dividida
- ¼ de taza más 1 cucharada de pan rallado
- 3 cucharadas de perejil fresco, picado
- 1½ cucharaditas de comino
- 1½ cucharaditas de pimentón (dulce o picante)

Ruta:

Rocíe la olla de cocción lenta con aceite de oliva.

En un bol, mezcle la carne picada, los huevos, aproximadamente la mitad de la cebolla, el pan rallado y las especias.

Lávate las manos y mezcla hasta que todo esté bien combinado. Sin embargo, no mezcle demasiado, ya que esto endurecerá las albóndigas. Formamos albóndigas. El tamaño que las hagas obviamente determinará cuántas albóndigas obtendrás en total.

Calienta 2 cucharadas de aceite de oliva en una sartén a fuego medio. Una vez que haya hervido añade las albóndigas y dóralas por todos lados. Asegúrate de que las bolas no se toquen entre sí para que se doren uniformemente. Cuando estén listos, transfiéralos a la olla de cocción lenta.

Agregue el resto de las cebollas y los tomates a la sartén y cocine por unos minutos, luego raspe los trozos marrones de las albóndigas para darle sabor. Transfiera los tomates a las albóndigas en la olla de cocción lenta y cocine a fuego lento durante 5 horas.

Nutrición (por 100 gramos): 372 calorías 21,7 g de grasa 15 g de carbohidratos 28,6 proteínas 772 mg de sodio

Filete de coliflor con cítricos y salsa de aceitunas

Tiempo de preparación: 15 minutos
Hora de cocinar: 30 minutos
Porciones: 4
Nivel de dificultad: Medio

Ingredientes:

- 1 o 2 cabezas grandes de coliflor
- 1/3 taza de aceite de oliva virgen extra
- ¼ de cucharadita de sal kosher
- 1/8 cucharadita de pimienta negra molida
- Jugo de 1 naranja
- cáscara de 1 naranja
- ¼ de taza de aceitunas negras, deshuesadas y picadas
- 1 cucharada de mostaza Dijon o granulada
- 1 cucharada de vinagre de vino tinto
- ½ cucharadita de cilantro molido

Ruta:

Precalienta el horno a 400°F. Coloque papel de hornear o papel de aluminio en la bandeja para hornear. Corta el tallo de la coliflor para que quede vertical. Cortar verticalmente en cuatro láminas gruesas. Coloque la coliflor en la bandeja para hornear preparada. Condimente con aceite de oliva, sal y pimienta negra. Cocine durante unos 30 minutos.

En un tazón mediano, combine el jugo de naranja, la ralladura de naranja, las aceitunas, la mostaza, el vinagre y el cilantro; mezclar bien. Servir con la salsa.

Nutrición (por 100 gramos): 265 calorías 21 g de grasa 4 g de carbohidratos 5 g de proteína 693 mg de sodio

Pasta con pistachos y pesto de menta

Tiempo de preparación: 10 minutos

Hora de cocinar: 10 minutos

Porciones: 4

Nivel de dificultad: Medio

Ingredientes:

- 8 onzas de pasta integral
- 1 taza de menta fresca
- ½ taza de albahaca fresca
- 1/3 taza de pistachos sin sal con cáscara
- 1 diente de ajo, pelado
- ½ cucharadita de sal kosher
- Jugo de ½ lima
- 1/3 taza de aceite de oliva virgen extra

Ruta:

Cocine la pasta según las instrucciones del paquete. Escurrir, cubrir con media taza de agua de pasta y reservar. En un procesador de alimentos, agrega la menta, la albahaca, los pistachos, el ajo, la sal y el jugo de lima. Procese hasta que los pistachos estén molidos en trozos grandes. Agrega el aceite de oliva en un chorro lento y uniforme y trabaja hasta que se mezcle.

En un bol grande, mezcla la pasta con el pesto de pistacho. Si desea una consistencia más fina y de platillo, agregue un poco de agua de pasta y mezcle bien.

Nutrición (por 100 gramos): 420 calorías 3 g de grasa 2 g de carbohidratos 11 g de proteína 593 mg de sodio

Salsa de tomate cherry con pasta cabello de ángel explotada

Tiempo de preparación: 10 minutos

Hora de cocinar: 20 minutos

Porciones: 4

Nivel de dificultad: Medio

Ingredientes:

- 8 oz de pasta de cabello de ángel
- 2 cucharadas de aceite de oliva virgen extra
- 3 dientes de ajo, picados
- 3 pintas de tomates cherry
- ½ cucharadita de sal kosher
- ¼ cucharadita de hojuelas de pimiento rojo
- ¾ taza de albahaca fresca, picada
- 1 cucharada de vinagre balsámico blanco (opcional)
- ¼ de taza de parmesano rallado (opcional)

Ruta:

Cocine la pasta según las instrucciones del paquete. Escurrir y reservar.

Calienta el aceite de oliva en una sartén grande o en una sartén a fuego medio-alto. Agrega el ajo y saltea durante 30 segundos. Agregue los tomates, la sal y las hojuelas de pimiento rojo y cocine, revolviendo ocasionalmente, hasta que los tomates se partan, aproximadamente 15 minutos.

Retire del fuego y agregue la pasta y la albahaca. Mezclar bien. (Para tomates fuera de temporada, agregue vinagre si es necesario y mezcle bien). Sirva.

Nutrición (por 100 gramos): 305 calorías 8 g de grasa 3 g de carbohidratos 11 g de proteína 559 mg de sodio

Tofu frito con tomates secos y alcachofas

Tiempo de preparación: 30 minutos

Hora de cocinar: 30 minutos

Porciones: 4

Nivel de dificultad: Medio

Ingredientes:

- 1 paquete (16 onzas) de tofu extra firme, cortado en cubos de 1 pulgada
- 2 cucharadas de aceite de oliva virgen extra, dividido
- 2 cucharadas de jugo de limón, dividido
- 1 cucharada de salsa de soja baja en sodio
- 1 cebolla, picada
- ½ cucharadita de sal kosher
- 2 dientes de ajo, picados
- 1 lata (14 onzas) de corazones de alcachofa, escurridos
- 8 tomates secos
- ¼ de cucharadita de pimienta negra recién molida
- 1 cucharada de vinagre de vino blanco
- Ralladura de 1 limón
- ¼ de taza de perejil fresco, picado

Ruta:

Precalienta el horno a 400°F. Coloque papel de aluminio o papel para hornear en la bandeja para hornear. En un bol, mezcle el tofu, 1 cucharada de aceite de oliva, 1 cucharada de jugo de limón y salsa de soja. Reservar y marinar durante 15-30 minutos. Coloque el tofu en una sola capa sobre la bandeja para hornear preparada y hornee por 20 minutos, volteándolo una vez, hasta que esté dorado.

Cocine la 1 cucharada de aceite de oliva restante en una sartén grande o saltee a fuego medio. Agrega la cebolla y la sal; cocine a fuego lento hasta que esté transparente, 5-6 minutos. Agrega el ajo y saltea durante 30 segundos. A continuación añade los corazones de alcachofa, los tomates secos y la pimienta negra y sofríe durante 5 minutos. Agregue el vinagre de vino blanco y la cucharada restante de jugo de limón, luego escurra la sartén y raspe los trozos marrones. Retira la sartén del fuego y agrega la ralladura de limón y el perejil. Incorpora con cuidado el tofu frito.

Nutrición (por 100 gramos): 230 calorías 14 g de grasa 5 g de carbohidratos 14 g de proteína 593 mg de sodio

Tempeh mediterráneo al horno con tomate y ajo

Tiempo de preparación: 25 minutos, más 4 horas de marinado
Hora de cocinar: 35 minutos
Porciones: 4
Nivel de dificultad: Difícil

Ingredientes:

- <u>Para tempeh</u>
- 12 onzas de tempeh
- ¼ vaso de vino blanco
- 2 cucharadas de aceite de oliva virgen extra
- 2 cucharadas de jugo de limón
- Ralladura de 1 limón
- ¼ de cucharadita de sal kosher
- ¼ de cucharadita de pimienta negra recién molida
- <u>Para la salsa de tomate y ajo</u>
- 1 cucharada de aceite de oliva virgen extra
- 1 cebolla, picada
- 3 dientes de ajo, picados
- 1 (14,5 oz) tomate triturado sin sal
- 1 rodaja de tomate de res, cortado en cubitos
- 1 hoja de laurel seca
- 1 cucharadita de vinagre de vino blanco

- 1 cucharadita de jugo de limón
- 1 cucharadita de orégano seco
- 1 cucharadita de tomillo seco
- ¾ cucharadita de sal kosher
- ¼ taza de albahaca, cortada en tiras

Ruta:

para hacer tempeh

Coloca el tempeh en una sartén mediana. Agregue suficiente agua para cubrir de 1 a 2 pulgadas. Llevar a ebullición a fuego medio-alto, tapar y reducir a fuego lento. Cocine durante 10-15 minutos. Retire el tempeh, séquelo, enfríe y córtelo en cubos de 1 pulgada.

Agrega el vino blanco, el aceite de oliva, el jugo de limón, la ralladura de limón, la sal y la pimienta negra. Agrega el tempeh, tapa el bol y refrigera por 4 horas o toda la noche. Precalienta el horno a 375°F. Coloque el tempeh marinado y la marinada en una fuente para horno y cocine por 15 minutos.

Para preparar salsa de tomate y ajo

Calienta el aceite de oliva en una sartén grande a fuego medio. Agrega la cebolla y saltea hasta que esté transparente en 3-5 minutos. Agrega el ajo y saltea durante 30 segundos. Agrega los tomates triturados, las rodajas de carne, las hojas de laurel, el vinagre, el jugo de limón, el orégano, el tomillo y la sal. Mezclar bien. Cocine a fuego lento durante 15 minutos.

Agrega el tempeh frito a la mezcla de tomate y mezcla suavemente. Adorne con albahaca.

Intercambiar CONSEJO: Si se está quedando sin tempeh o simplemente desea acelerar el proceso de cocción, puede sustituir el tempeh por una porción de 14,5 onzas de frijoles blancos. Enjuague los frijoles y agréguelos a la salsa con la pasta de tomate. ¡Sigue siendo un excelente aperitivo vegano en la mitad del tiempo!

Nutrición (por 100 gramos): 330 calorías 20 g de grasa 4 g de carbohidratos 18 g de proteína 693 mg de sodio

Hongos portobello asados con repollo y cebolla morada

Tiempo de preparación: 30 minutos
Hora de cocinar: 30 minutos
Porciones: 4
Nivel de dificultad: Difícil

Ingredientes:

- ¼ taza de vinagre de vino blanco
- 3 cucharadas de aceite de oliva virgen extra, dividido
- ½ cucharadita de miel
- ¾ cucharadita de sal kosher, cantidad dividida
- ¼ de cucharadita de pimienta negra recién molida
- 4 champiñones portobello grandes, sin tallos
- 1 cebolla morada, encogida
- 2 dientes de ajo, picados
- 1 manojo de col rizada (8 onzas), sin tallos y picada
- ¼ cucharadita de hojuelas de pimiento rojo
- ¼ de taza de queso parmesano o romano rallado

Ruta:

Coloque papel de hornear o papel de aluminio en la bandeja para hornear. En un tazón mediano, mezcle el vinagre, 1½ cucharada de aceite de oliva, miel, ¼ de cucharadita de sal y pimienta negra.

Coloca los champiñones en la bandeja y vierte la marinada sobre ellos. Marinar durante 15-30 minutos.

Mientras tanto, precalienta el horno a 400°F. Hornea los champiñones durante 20 minutos, dándoles la vuelta a mitad de cocción. Calienta las 1 1/2 cucharadas restantes de aceite de oliva en una sartén grande o antiadherente a fuego medio-alto. Agrega la cebolla y la ½ cucharadita de sal restante y sofríe hasta que se doren en 5-6 minutos. Agrega el ajo y saltea durante 30 segundos. Agregue las hojuelas de repollo y pimiento rojo y saltee hasta que el repollo esté bien cocido, aproximadamente 5 minutos.

Retire los champiñones del horno y aumente la temperatura para asar. Vierta con cuidado el líquido de la fuente para asar en la fuente con la mezcla de repollo; mezclar bien. Dale la vuelta al champiñón para que el tallo quede hacia arriba. Vierta un poco de la mezcla de repollo sobre cada champiñón. Espolvoree 1 cucharada de queso parmesano sobre cada uno. Cocine hasta que esté dorado.

Nutrición (por 100 gramos): 200 calorías 13 g de grasa 4 g de carbohidratos 8 g de proteína

Tofu marinado en vinagre balsámico con albahaca y orégano

Tiempo de preparación: 40 minutos

Hora de cocinar: 30 minutos

Porciones: 4

Nivel de dificultad: Medio

Ingredientes:

- ¼ de taza de aceite de oliva virgen extra
- ¼ de taza de vinagre balsámico
- 2 cucharadas de salsa de soja baja en sodio
- 3 dientes de ajo rallados
- 2 cucharaditas de jarabe de arce puro
- Ralladura de 1 limón
- 1 cucharadita de albahaca seca
- 1 cucharadita de orégano seco
- ½ cucharadita de tomillo seco
- ½ cucharadita de salvia seca
- ¼ de cucharadita de sal kosher
- ¼ de cucharadita de pimienta negra recién molida
- ¼ de cucharadita de hojuelas de pimiento rojo (opcional)
- 1 bloque (16 onzas) de tofu extra firme

Ruta:

En un tazón de un galón o en una bolsa ziplock, combine el aceite de oliva, el vinagre, la salsa de soja, el ajo, el jarabe de arce, la ralladura de limón, la albahaca, el orégano, el tomillo, la salvia, la sal, la pimienta negra y el ají, si lo desea. Agrega el tofu y mezcla suavemente. Colóquelo en el refrigerador y déjelo marinar durante 30 minutos, o incluso toda la noche si es necesario.

Precalienta el horno a 425°F. Coloque papel de hornear o papel de aluminio en la bandeja para hornear. Coloque el tofu marinado en una sola capa en la sartén preparada. Hornee durante 20-30 minutos, dándoles la vuelta a la mitad, hasta que estén ligeramente crujientes.

Nutrición (por 100 gramos): 225 calorías 16 g de grasa 2 g de carbohidratos 13 g de proteína 493 mg de sodio

Calabacines rellenos de ricotta, albahaca y pistachos

Tiempo de preparación: 15 minutos
Hora de cocinar: 25 minutos
Porciones: 4
Nivel de dificultad: Medio

Ingredientes:

- 2 calabacines medianos, cortados por la mitad a lo largo
- 1 cucharada de aceite de oliva virgen extra
- 1 cebolla, picada
- 1 cucharadita de sal kosher
- 2 dientes de ajo, picados
- ¾ taza de ricota
- ¼ taza de pistachos sin sal, pelados y picados
- ¼ de taza de albahaca fresca, picada
- 1 huevo grande, batido
- ¼ de cucharadita de pimienta negra recién molida

Ruta:

Precalienta el horno a 425°F. Coloque papel de hornear o papel de aluminio en la bandeja para hornear. Retire las semillas/pulpa del calabacín, dejando ¼ de pulgada de pulpa alrededor de los bordes. Coloque la pulpa en una tabla de cortar y córtela.

Calienta el aceite de oliva en una sartén a fuego medio. Agrega la cebolla, la pulpa y la sal y sofríe durante unos 5 minutos. Agrega el ajo y sofríe durante 30 segundos. Agrega la ricota, los pistachos, la albahaca, el huevo y la pimienta negra. Agrega la mezcla de cebolla y mezcla bien.

Coloque las 4 mitades de calabacín en la bandeja para hornear preparada. Unte las mitades de calabacín con la mezcla de ricotta. Cocine hasta que esté dorado.

Nutrición (por 100 gramos): 200 calorías 12 g de grasa 3 g de carbohidratos 11 g de proteína 836 mg de sodio

Espelta con tomates fritos y champiñones

Tiempo de preparación: 20 minutos

Tiempo de cocción: 1 hora

Porciones: 4

Nivel de dificultad: Difícil

Ingredientes:

- <u>a los tomates</u>
- 2 pintas de tomates cherry
- 1 cucharadita de aceite de oliva virgen extra
- ¼ de cucharadita de sal kosher
- <u>por el hechizo</u>
- 3-4 tazas de agua
- ½ taza de espelta
- ¼ de cucharadita de sal kosher
- <u>A las setas</u>
- 2 cucharadas de aceite de oliva virgen extra
- 1 cebolla, encogida
- ½ cucharadita de sal kosher
- ¼ de cucharadita de pimienta negra recién molida
- 10 onzas de champiñones, sin tallos y en rodajas finas
- ½ taza de sopa de verduras sin sal
- 1 lata (15 oz) de frijoles cannellini bajos en sodio, escurridos y enjuagados
- 1 taza de espinacas tiernas

- 2 cucharadas de albahaca fresca cortada en tiras
- ¼ taza de piñones tostados
- vinagre balsámico añejo (opcional)

Ruta:

para hacer tomates

Precalienta el horno a 400°F. Coloque papel de hornear o papel de aluminio en la bandeja para hornear. Mezcle los tomates, el aceite de oliva y la sal en la bandeja para hornear y hornee por 30 minutos.

hacer espelta

Hierva el agua, el farro y la sal en una cacerola u olla mediana a fuego alto. Llevar a ebullición y cocinar por 30 minutos o hasta que el farro esté al dente. Escurrir y reservar.

para hacer champiñones

Calienta el aceite de oliva en una sartén grande o en una sartén a fuego medio-bajo. Añade la cebolla, la sal y la pimienta negra y cocina durante aprox. Freír durante 15 minutos hasta que empiece a dorarse y caramelizarse. Agregue los champiñones, aumente el fuego a medio y cocine a fuego lento hasta que el líquido se evapore y los champiñones estén dorados, aproximadamente 10 minutos. Agrega el caldo de verduras y calienta la sartén, raspando los trozos marrones y reduciendo el líquido durante unos 5 minutos. Agrega los frijoles y calienta durante unos 3 minutos.

Retirar y añadir las espinacas, la albahaca, los piñones, los tomates asados y la espelta. Rocíe con vinagre balsámico si lo desea.

Nutrición (por 100 gramos): 375 calorías 15 g de grasa 10 g de carbohidratos 14 g de proteína 769 mg de sodio

Cebada al horno con berenjenas, acelgas y mozzarella

Tiempo de preparación: 20 minutos
Hora de cocinar: 60 minutos
Porciones: 4
Nivel de dificultad: Medio

Ingredientes:

- 2 cucharadas de aceite de oliva virgen extra
- 1 berenjena grande (1 libra), cortada en cubitos
- 2 zanahorias, peladas y cortadas en cubos pequeños
- 2 tallos de apio, picados
- 1 cebolla, picada
- ½ cucharadita de sal kosher
- 3 dientes de ajo, picados
- ¼ de cucharadita de pimienta negra recién molida
- 1 taza de cebada integral
- 1 cucharadita de pasta de tomate sin sal
- 1½ tazas de caldo de verduras sin sal
- 1 taza de acelgas, sin tallos y picadas
- 2 cucharadas de orégano fresco, picado
- Ralladura de 1 limón
- 4 onzas de mozzarella, rallada
- ¼ de taza de parmesano rallado
- 2 tomates, cortados en rodajas de 1/2 pulgada de grosor

Ruta:

Precalienta el horno a 400°F. Calienta el aceite de oliva en una sartén grande apta para horno a fuego medio. Añade la berenjena, la zanahoria, el apio, la cebolla y la sal y cocina a fuego lento durante unos 10 minutos. Agrega el ajo y la pimienta negra y sofríe durante unos 30 segundos. Agrega la cebada y la pasta de tomate y sofríe durante 1 minuto. Agregue la sopa de verduras y baje el fuego de la sartén, raspando los trozos marrones. Agrega las acelgas, el orégano y la ralladura de limón y revuelve hasta que las acelgas se ablanden.

Retirar y agregar la mozzarella. Aplana la parte superior de la mezcla de cebada. Espolvorea el parmesano por encima. Extiende los tomates en una sola capa encima del parmesano. Cocine por 45 minutos.

Nutrición (por 100 gramos): 470 calorías 17 g de grasa 7 g de carbohidratos 18 g de proteína 769 mg de sodio

Risotto de cebada con tomates cherry

Tiempo de preparación: 20 minutos

Hora de cocinar: 45 minutos

Porciones: 4

Nivel de dificultad: Medio

Ingredientes:

- 2 cucharadas de aceite de oliva virgen extra
- 2 tallos de apio, cortados en cubitos
- ½ taza de chalotes, cortados en cubitos
- 4 dientes de ajo, picados
- 3 tazas de sopa de verduras sin sal
- 1 (14.5 oz) de tomate cortado en cubitos sin sal agregada
- 1 (14,5 oz) tomate triturado sin sal
- 1 taza de cebada perlada
- Ralladura de 1 limón
- 1 cucharadita de sal kosher
- ½ cucharadita de pimentón ahumado
- ¼ cucharadita de hojuelas de pimiento rojo
- ¼ de cucharadita de pimienta negra recién molida
- 4 ramitas de tomillo
- 1 hoja de laurel seca
- 2 tazas de espinacas tiernas
- ½ taza de queso feta desmenuzado
- 1 cucharada de orégano fresco, picado

- 1 cucharada de semillas de hinojo, tostadas (opcional)

Ruta:

Calienta el aceite de oliva en una sartén grande a fuego medio. Añade el apio y las chalotas y saltea durante unos 4-5 minutos. Agrega el ajo y sofríe durante 30 segundos. Añade el caldo de verduras, los tomates cortados en cubitos, la pasta de tomate, la cebada, la ralladura de limón, la sal, el pimentón, las hojuelas de chile, la pimienta negra, el tomillo y las hojas de laurel y mezcla bien. Déjelo hervir, luego baje a temperatura baja y cocine a fuego lento. Cocine por 40 minutos, revolviendo ocasionalmente.

Retire las hojas de laurel y las ramitas de tomillo. Agrega las espinacas. En un tazón pequeño, mezcle el queso feta, el orégano y las semillas de hinojo. Sirva el risotto de cebada en tazones espolvoreados con la mezcla de queso feta.

Nutrición (por 100 gramos): 375 calorías 12 g de grasa 13 g de carbohidratos 11 g de proteína 799 mg de sodio

Garbanzos y col con salsa de tomate picante

Tiempo de preparación: 10 minutos
Hora de cocinar: 35 minutos
Porciones: 4
Nivel de dificultad: Fácil

Ingredientes:

- 2 cucharadas de aceite de oliva virgen extra
- 4 dientes de ajo, rebanados
- 1 cucharadita de hojuelas de pimiento rojo
- 1 lata (28 oz) de tomates triturados sin sal
- 1 cucharadita de sal kosher
- ½ cucharadita de miel
- 1 manojo de col rizada, pelada y picada
- 2 latas (15 onzas) de garbanzos bajos en sodio, escurridos y enjuagados
- ¼ de taza de albahaca fresca, picada
- ¼ de taza de pecorino romano rallado

Ruta:

Calienta el aceite de oliva en una sartén a fuego medio. Agregue el ajo y las hojuelas de pimiento rojo y saltee hasta que el ajo esté ligeramente dorado, aproximadamente 2 minutos. Agrega los tomates, la sal y la miel y mezcla bien. Reduzca el fuego a bajo y cocine a fuego lento durante 20 minutos.

Agrega el repollo y mezcla bien. Cocine durante unos 5 minutos. Añade los garbanzos y cocina a fuego lento durante unos 5 minutos. Retire del fuego y agregue la albahaca. Unte con queso pecorino y sirva.

Nutrición (por 100 gramos): 420 calorías 13 g de grasa 12 g de carbohidratos 20 g de proteína 882 mg de sodio

Feta asado con col rizada y yogur de limón

Tiempo de preparación: 15 minutos
Hora de cocinar: 20 minutos
Porciones: 4
Nivel de dificultad: Medio

Ingredientes:

- 1 cucharada de aceite de oliva virgen extra
- 1 cebolla, encogida
- ¼ de cucharadita de sal kosher
- 1 cucharadita de cúrcuma molida
- ½ cucharadita de comino molido
- ½ cucharadita de cilantro molido
- ¼ de cucharadita de pimienta negra recién molida
- 1 manojo de col rizada, pelada y picada
- 7 onzas de queso feta, cortado en rodajas de ¼ de pulgada de grosor
- ½ taza de yogur griego natural
- 1 cucharada de jugo de limón

Ruta:

Precalienta el horno a 400°F. Calienta el aceite de oliva en una sartén grande o sartén antiadherente a fuego medio. Agrega la cebolla y la sal; saltee hasta que esté ligeramente dorado, aproximadamente 5 minutos. Agrega la cúrcuma, el comino, el cilantro y la pimienta negra; Hornee por 30 segundos. Agrega el repollo y sofríe durante unos 2 minutos. Agrega ½ taza de agua y continúa cocinando el repollo durante unos 3 minutos.

Retirar del fuego y colocar las rodajas de queso feta encima de la mezcla de col rizada. Colóquelo en el horno y hornee hasta que el queso feta esté suave, de 10 a 12 minutos. Mezcla el yogur y el jugo de limón en un tazón pequeño. Sirve la col rizada y el queso feta untado con yogur de limón.

Nutrición (por 100 gramos): 210 calorías 14 g de grasa 2 g de carbohidratos 11 g de proteína 836 mg de sodio

Berenjenas fritas y garbanzos con salsa de tomate

Tiempo de preparación: 15 minutos
Hora de cocinar: 60 minutos
Porciones: 4
Nivel de dificultad: Difícil

Ingredientes:

- Aceite en aerosol para cocinar
- 1 berenjena grande (aproximadamente 1 libra), cortada en rodajas de ¼ de pulgada de grosor
- 1 cucharadita de sal kosher, dividida
- 1 cucharada de aceite de oliva virgen extra
- 3 dientes de ajo, picados
- 1 lata (28 oz) de tomates triturados sin sal
- ½ cucharadita de miel
- ¼ de cucharadita de pimienta negra recién molida
- 2 cucharadas de albahaca fresca, picada
- 1 (15 oz) de garbanzos sin sal o bajos en sodio, escurridos y enjuagados
- ¾ taza de queso feta desmenuzado
- 1 cucharada de orégano fresco, picado

Ruta:

Precalienta el horno a 425°F. Engrase y forre dos bandejas para hornear con papel de aluminio y rocíe ligeramente con aceite de oliva. Extiende la berenjena en una sola capa y espolvorea con ½ cucharadita de sal. Hornee durante 20 minutos, volteándolos una vez a la mitad, hasta que estén dorados.

Mientras tanto, calienta el aceite de oliva en una sartén grande a fuego medio. Agrega el ajo y saltea durante 30 segundos. Agrega los tomates triturados, la miel, la ½ cucharadita restante de sal y pimienta negra. Cocine a fuego lento durante unos 20 minutos, hasta que la salsa se colapse y espese un poco. Agrega la albahaca.

Después de sacar la berenjena del horno, reduce la temperatura del horno a 170°C. Vierta los garbanzos y 1 taza de salsa en una fuente para horno grande, rectangular u ovalada. Coloque las rodajas de berenjena encima, superponiéndolas según sea necesario para cubrir los garbanzos. Coloca el resto de la salsa sobre la berenjena. Espolvorea con queso feta y orégano.

Envuelve la bandeja con papel aluminio y hornea por 15 minutos. Retire el papel de aluminio y hornee por otros 15 minutos.

Nutrición (por 100 gramos): 320 calorías 11 g de grasa 12 g de carbohidratos 14 g de proteína 773 mg de sodio

Deslizadores de falafel frito

Tiempo de preparación: 10 minutos

Hora de cocinar: 30 minutos

Porciones: 6

Nivel de dificultad: Medio

Ingredientes:

- Aceite en aerosol para cocinar
- 1 (15 onzas) de garbanzos bajos en sodio, escurridos y enjuagados
- 1 cebolla, picada en trozos grandes
- 2 dientes de ajo, pelados
- 2 cucharadas de perejil fresco, picado
- 2 cucharadas de harina integral
- ½ cucharadita de cilantro molido
- ½ cucharadita de comino molido
- ½ cucharadita de polvo para hornear
- ½ cucharadita de sal kosher
- ¼ de cucharadita de pimienta negra recién molida

Ruta:

Precalienta el horno a 350°F. Coloque papel pergamino o papel de aluminio y rocíe ligeramente la fuente para hornear con aceite de oliva.

Mezcla en un procesador de alimentos los garbanzos, la cebolla, el ajo, el perejil, la harina, el cilantro, el comino, el polvo para hornear, la sal y la pimienta negra. Mezclar hasta que quede suave.

Haga 6 hamburguesas, cada una con ¼ de taza generosa de la mezcla, y colóquelas en la bandeja para hornear preparada. Cocine por 30 minutos. Sirve.

Nutrición (por 100 gramos): 90 calorías 1 g de grasa 3 g de carbohidratos 4 g de proteína 803 mg de sodio

Portobello Caprese

Tiempo de preparación: 15 minutos
Hora de cocinar: 30 minutos
Porciones: 2
Nivel de dificultad: Difícil

Ingredientes:

- 1 cucharada de aceite de oliva
- 1 taza de tomates cherry
- Sal y pimienta negra, al gusto.
- 4 hojas grandes de albahaca fresca, en rodajas finas y divididas
- 3 dientes de ajo medianos, picados
- 2 champiñones portobello grandes, sin tallos
- 4 mini bolitas de mozzarella
- 1 cucharada de parmesano rallado

Ruta:

Preparar el horno a 180°C. Engrasa una bandeja para horno con aceite de oliva. Vierta 1 cucharada de aceite de oliva en una sartén antiadherente y caliente a fuego medio-alto. Agrega los tomates a la sartén y sazona con sal y pimienta negra. Mientras cocina, haga agujeros en los tomates para extraer el jugo. Tapa y cocina los tomates durante 10 minutos o hasta que estén tiernos.

Reserve 2 cucharaditas de albahaca y agregue el resto de la albahaca y el ajo a la sartén. Triture los tomates con una espátula y cocine durante medio minuto. Revuelva constantemente mientras cocina. Lo dejas a un lado, lo ignoras. Coloque los champiñones en la sartén, con la tapa hacia abajo y espolvoree con sal y pimienta negra al gusto.

Vierta la mezcla de tomate y las bolas de mozzarella sobre las branquias de los champiñones, luego espolvoree con queso parmesano para cubrir bien. Cocine hasta que los champiñones estén suaves y los quesos dorados. Retira los champiñones rellenos del horno y sírvelos con albahaca encima.

Nutrición (por 100 gramos): 285 calorías 21,8 g de grasa 2,1 g de carbohidratos 14,3 g de proteína 823 mg de sodio

Tomate relleno de champiñones y queso

Tiempo de preparación: 15 minutos

Hora de cocinar: 20 minutos

Porciones: 4

Nivel de dificultad: Medio

Ingredientes:

- 4 tomates maduros grandes
- 1 cucharada de aceite de oliva
- ½ libra (454 g) de champiñones blancos o cremini, rebanados
- 1 cucharada de albahaca fresca, picada
- ½ taza de cebolla amarilla, picada
- 1 cucharada de orégano fresco, picado
- 2 dientes de ajo, picados
- ½ cucharadita de sal
- ¼ de cucharadita de pimienta negra recién molida
- 1 taza de mozzarella semidesnatada, rallada
- 1 cucharada de parmesano rallado

Ruta:

Precalienta el horno a 190°C (375°F). Corta una rodaja de ½ pulgada de la parte superior de cada tomate. Vierta la pulpa en un bol, dejando ½ pulgada de piel de tomate dentro. Coloque los tomates en una bandeja para hornear forrada con papel de aluminio. Calienta el aceite de oliva en una sartén antiadherente a fuego medio.

Agrega los champiñones, la albahaca, la cebolla, el orégano, el ajo, la sal y la pimienta negra y sofríe durante 5 minutos.

Vierta la mezcla en el bol de tomate, luego agregue la mozzarella y mezcle bien. Vierte la mezcla en cada piel de tomate y luego cubre con una capa de parmesano. Hornea en horno precalentado durante 15 minutos o hasta que el queso esté suave y los tomates suaves. Retira los tomates rellenos del horno y sírvelos calientes.

Nutrición (por 100 gramos): 254 calorías 14,7 g de grasa 5,2 g de carbohidratos 17,5 g de proteína 783 mg de sodio

tabulé

Tiempo de preparación: 15 minutos
Hora de cocinar: 5 minutos
Porciones: 6
Nivel de dificultad: Medio

Ingredientes:

- 4 cucharadas de aceite de oliva, dividido
- 4 tazas de coliflor con arroz
- 3 dientes de ajo, finamente picados
- Sal y pimienta negra, al gusto.
- ½ pepino grande, pelado, sin corazón y picado
- ½ taza de perejil italiano, picado
- Jugo de 1 limón
- 2 cucharadas de cebolla morada picada
- ½ taza de hojas de menta, picadas
- ½ taza de aceitunas Kalamata deshuesadas y picadas
- 1 taza de tomates cherry, en cuartos
- 2 tazas de hojas de rúcula o espinaca
- 2 aguacates medianos, pelados, sin hueso y cortados en cubitos

Ruta:

Calienta 2 cucharadas de aceite de oliva en una sartén antiadherente a fuego medio-alto. Agrega la coliflor con arroz, el ajo, la sal y la pimienta negra a la sartén y saltea durante 3 minutos o hasta que esté fragante. Transfiérelos a un tazón grande.

Agrega el pepino, el perejil, el jugo de limón, la cebolla morada, la menta, las aceitunas y el aceite de oliva restante al bol. Mezcle para combinar bien. Coloca el bol en el frigorífico durante al menos 30 minutos.

Saca el bol del frigorífico. Pon en el bol los tomates cherry, la rúcula y el aguacate. Sazone bien y mezcle bien. Servir frío.

Nutrición (por 100 gramos): 198 calorías 17,5 g de grasa 6,2 g de carbohidratos 4,2 g de proteína 773 mg de sodio

Brócoli picante y corazones de alcachofa

Tiempo de preparación: 5 minutos

Hora de cocinar: 15 minutos

Porciones: 4

Nivel de dificultad: Medio

Ingredientes:

- 3 cucharadas de aceite de oliva, dividido
- 2 libras (907 g) de colinabo fresco
- 3 dientes de ajo, finamente picados
- 1 cucharadita de hojuelas de pimiento rojo
- 1 cucharadita de sal y más al gusto
- 383 g (13,5 oz) de corazones de alcachofa.
- 1 cucharada de agua
- 2 cucharadas de vinagre de vino tinto
- Pimienta negra recién molida, al gusto

Ruta:

Calienta 2 cucharadas de aceite de oliva en una sartén antiadherente a fuego medio-alto. Agrega el brócoli, el ajo, las hojuelas de pimiento rojo y la sal a la sartén y saltea durante 5 minutos o hasta que el brócoli esté tierno.

Coloque los corazones de alcachofa en la sartén y ase por 2 minutos más o hasta que estén tiernos. Agrega agua a la sartén y reduce el fuego a bajo. Tapar y cocer al vapor durante 5 minutos. Mientras tanto, mezcle el vinagre y 1 cucharada de aceite de oliva en un bol.

Espolvorea el brócoli y las alcachofas al vapor con vinagre aceitado, espolvorea con sal y pimienta negra. Mezclar bien antes de servir.

Nutrición (por 100 gramos): 272 calorías 21,5 g de grasa 9,8 g de carbohidratos 11,2 g de proteína 736 mg de sodio

shakshuka

Tiempo de preparación: 10 minutos
Hora de cocinar: 25 minutos
Porciones: 4
Nivel de dificultad: Difícil

Ingredientes:

- 5 cucharadas de aceite de oliva, dividido
- 1 pimiento rojo, cortado en cubitos
- ½ cebolla amarilla pequeña, finamente picada
- 397 g (14 oz) de tomates triturados, con jugo
- 170 g (6 oz) de espinacas congeladas, descongeladas y escurridas del exceso de líquido
- 1 cucharadita de pimentón ahumado
- 2 dientes de ajo, finamente picados
- 2 cucharaditas de hojuelas de pimiento rojo
- 1 cucharada de alcaparras, picadas en trozos grandes
- 1 cucharada de agua
- 6 huevos grandes
- ¼ de cucharadita de pimienta negra recién molida
- ¾ taza de queso feta o de cabra, desmenuzado
- ¼ de taza de perejil o cilantro fresco, picado

Ruta:

Precalienta el horno a 150°C (300°F). Calienta 2 cucharadas de aceite de oliva en una sartén apta para horno a fuego medio-alto.

Saltee el pimiento y la cebolla en la sartén hasta que la cebolla esté traslúcida y el pimiento suave.

Agregue los tomates y el jugo, las espinacas, el pimiento morrón, el ajo, las hojuelas de pimiento rojo, las alcaparras, el agua y 2 cucharadas de aceite de oliva. Mezclar bien y llevar a ebullición. Reduzca el fuego a bajo, luego cubra y cocine a fuego lento durante 5 minutos.

Rompe los huevos sobre la salsa, dejando un poco de espacio entre cada huevo, dejando el huevo intacto, y espolvorea con pimienta negra recién molida. Cocine hasta que el huevo esté bien cocido.

Espolvorea el queso con el huevo y la salsa y hornea en horno precalentado por 5 minutos o hasta que el queso esté dorado. Antes de servir caliente, rocíe con la cucharada restante de aceite de oliva y espolvoree con perejil.

Nutrición (por 100 gramos): 335 calorías 26,5 g de grasa 5 g de carbohidratos 16,8 g de proteína 736 mg de sodio

Spanakopita

Tiempo de preparación: 15 minutos

Hora de cocinar: 50 minutos

Porciones: 6

Nivel de dificultad: Difícil

Ingredientes:

- 6 cucharadas de aceite de oliva, dividido
- 1 cebolla amarilla pequeña, picada
- 4 tazas de espinacas picadas congeladas
- 4 dientes de ajo, picados
- ½ cucharadita de sal
- ½ cucharadita de pimienta negra recién molida
- 4 huevos grandes, batidos
- 1 taza de requesón
- ¾ taza de queso feta, desmenuzado
- ¼ taza de piñones

Ruta:

Engrasa la bandeja con 2 cucharadas de aceite de oliva. Pon el horno a 375 grados F. Calienta 2 cucharadas de aceite de oliva en una sartén antiadherente a fuego medio-alto. Agrega la cebolla a la sartén y saltea durante 6 minutos o hasta que esté transparente y suave.

Agrega las espinacas, el ajo, la sal y la pimienta negra a la sartén y saltea por otros 5 minutos. Colócalas en un bol y reserva. Mezcle el huevo batido y la ricota en un recipiente aparte, luego vierta en la mezcla de espinacas. Mezclar bien.

Vierta la mezcla en la sartén e incline el plato para que la mezcla cubra el fondo de manera uniforme. Cocine hasta que comience a cuajar. Sácalo del horno y úntalo con el queso feta y los piñones, luego úntalo con las 2 cucharadas restantes de aceite de oliva.

Regrese el molde al horno y hornee por 15 minutos más o hasta que la parte superior esté dorada. Retire la sartén del horno. Deje que la spanakopita se enfríe durante unos minutos y córtela antes de servir.

Nutrición (por 100 gramos): 340 calorías 27,3 g de grasa 10,1 g de carbohidratos 18,2 g de proteína 781 mg de sodio

tajín

Tiempo de preparación: 20 minutos
Hora de cocinar: 60 minutos
Porciones: 6
Nivel de dificultad: Medio

Ingredientes:

- ½ taza de aceite de oliva
- 6 ramas de apio, cortadas en medias lunas de ¼ de pulgada
- 2 cebollas amarillas medianas, rebanadas
- 1 cucharadita de comino molido
- ½ cucharadita de canela molida
- 1 cucharadita de jengibre en polvo
- 6 dientes de ajo, picados
- ½ cucharadita de pimentón
- 1 cucharadita de sal
- ¼ de cucharadita de pimienta negra recién molida
- 2 tazas de caldo de verduras bajo en sodio
- 2 calabacines medianos cortados en semicírculos de medio centímetro de grosor
- 2 tazas de coliflor, cortada en floretes
- 1 berenjena mediana, cortada en cubos de 1 pulgada
- 1 taza de aceitunas verdes, partidas por la mitad y sin hueso
- 383 g (13,5 oz) de corazones de alcachofa, escurridos y cortados en cuartos

- ½ taza de hojas de cilantro frescas picadas, para decorar
- ½ taza de yogur griego natural, para decorar
- ½ taza de perejil fresco picado, para decorar

Ruta:

Calienta el aceite de oliva en una sartén a fuego medio. Agrega el apio y la cebolla a la olla y saltea durante 6 minutos. Agrega el comino, la canela, el jengibre, el ajo, el pimentón, la sal y la pimienta negra a la olla y tuesta por otros 2 minutos hasta que estén aromáticos.

Vierta el caldo de verduras en la cacerola y déjelo hervir. Reduce el fuego al mínimo y añade el calabacín, la coliflor y la berenjena. Tape y cocine a fuego lento durante 30 minutos o hasta que las verduras estén tiernas. Luego agregue las aceitunas y los corazones de alcachofa a la piscina y cocine a fuego lento durante otros 15 minutos. Ponlos en un bol grande o Tagine y sírvelos con cilantro, yogur griego y perejil encima.

Nutrición (por 100 gramos): 312 calorías 21,2 g de grasa 9,2 g de carbohidratos 6,1 g de proteína 813 mg de sodio

Cítricos, pistachos y espárragos.

Tiempo de preparación: 10 minutos

Hora de cocinar: 10 minutos

Porciones: 4

Nivel de dificultad: Difícil

Ingredientes:

- Piel y zumo de 2 clementinas o 1 naranja
- Ralladura y jugo de 1 limón
- 1 cucharada de vinagre de vino tinto
- 3 cucharadas de aceite de oliva virgen extra, dividido
- 1 cucharadita de sal, dividida
- ¼ de cucharadita de pimienta negra recién molida
- ½ taza de pistachos sin cáscara
- 454 g de espárragos frescos, cortados
- 1 cucharada de agua

Ruta:

Mezclar la ralladura y el jugo de clementina y limón, vinagre, 2 cucharadas de aceite de oliva, ½ cucharadita de sal y pimienta negra. Mezclar bien. Lo dejas a un lado, lo ignoras.

Tuesta los pistachos en una sartén antiadherente a fuego medio-alto durante 2 minutos o hasta que estén dorados. Transfiera los pistachos tostados a una superficie de trabajo limpia y córtelos en trozos grandes. Mezcla los pistachos con la mezcla de cítricos. Lo dejas a un lado, lo ignoras.

Calienta el aceite de oliva restante en una sartén antiadherente a fuego medio-alto. Agrega los espárragos a la sartén y fríelos durante 2 minutos, luego sazona con la sal restante. Agrega agua a la sartén. Reduce el fuego a bajo y la cubierta. Cocine a fuego lento durante 4 minutos hasta que los espárragos estén suaves.

Retire los espárragos de la sartén y colóquelos en un plato grande. Vierta la mezcla de cítricos y pistachos sobre los espárragos. Cubra bien antes de servir.

Nutrición (por 100 gramos): 211 calorías 17,5 g de grasa 3,8 g de carbohidratos 5,9 g de proteína 901 mg de sodio

Berenjenas rellenas de tomate y perejil

Tiempo de preparación: 15 minutos

Hora de cocinar: 2 horas 10 minutos

Porciones: 6

Nivel de dificultad: Medio

Ingredientes:

- ¼ de taza de aceite de oliva virgen extra
- 3 berenjenas más pequeñas, cortadas por la mitad a lo largo
- 1 cucharadita de sal marina
- ½ cucharadita de pimienta negra recién molida
- 1 cebolla amarilla grande, finamente picada
- 4 dientes de ajo, picados
- 425 g (15 oz) de tomates cortados en cubitos con jugo
- ¼ de taza de perejil fresco, finamente picado

Ruta:

Cubra un inserto de olla de cocción lenta con 2 cucharadas de aceite de oliva. Haga cortes en el lado cortado de cada mitad de berenjena, dejando un espacio de ¼ de pulgada entre cada corte. Coloque las mitades de berenjena en la olla de cocción lenta, con la piel hacia abajo. Espolvorea con sal y pimienta negra.

Calienta el aceite de oliva restante en una sartén antiadherente a fuego medio-alto. Agrega la cebolla y el ajo a la sartén y saltea durante 3 minutos o hasta que la cebolla esté transparente.

Agrega el perejil y los tomates junto con su jugo y espolvorea con sal y pimienta negra. Cocine a fuego lento durante otros 5 minutos o hasta que estén tiernos. Divida y vierta la mezcla en la sartén sobre las mitades de berenjena.

Tape la olla de cocción lenta y cocine a temperatura ALTA durante 2 horas hasta que la berenjena esté tierna. Pon las berenjenas en un plato y déjalas enfriar unos minutos antes de servir.

Nutrición (por 100 gramos): 455 calorías 13 g de grasa 14 g de carbohidratos 14 g de proteína 719 mg de sodio

Ratatouille

Tiempo de preparación: 15 minutos

Tiempo de cocción: 7 horas

Porciones: 6

Nivel de dificultad: Medio

Ingredientes:

- 3 cucharadas de aceite de oliva virgen extra
- 1 berenjena grande, sin pelar, en rodajas
- 2 cebollas grandes, cortadas en rodajas
- 4 calabacines pequeños, en rodajas
- 2 pimientos verdes
- 6 tomates grandes, cortados en rodajas de media pulgada
- 2 cucharadas de perejil fresco, finamente picado
- 1 cucharadita de albahaca seca
- 2 dientes de ajo, picados
- 2 cucharaditas de sal marina
- ¼ de cucharadita de pimienta negra recién molida

Dirección:

Llene el inserto de la olla de cocción lenta con 2 cucharadas de aceite de oliva. Coloque las verduras en rodajas, tiras y rodajas alternativamente en el recipiente de cocción lenta. Espolvorea el perejil sobre las verduras y sazona con albahaca, ajo, sal y pimienta negra. Rocíe con el aceite de oliva restante. Tape y cocine a temperatura BAJA durante 7 horas hasta que las verduras estén tiernas. Coloca las verduras en un plato y sírvelas calientes.

Nutrición (por 100 gramos): 265 calorías 1,7 g de grasa 13,7 g de carbohidratos 8,3 g de proteína 800 mg de sodio

Gemista

Tiempo de preparación: 15 minutos
Tiempo de cocción: 4 horas
Porciones: 4
Nivel de dificultad: Medio

Ingredientes:

- 2 cucharadas de aceite de oliva virgen extra
- 4 pimientos morrones grandes, de cualquier color
- ½ taza de cuscús crudo
- 1 cucharadita de orégano
- 1 diente de ajo, picado
- 1 taza de queso feta desmenuzado
- 1 lata (425 g/15 oz) de frijoles cannellini, enjuagados y escurridos
- Sal y pimienta para probar
- 1 rodaja de limón
- 4 cebollas verdes, partes blanca y verde separadas, en rodajas finas

Dirección:

Corta una rodaja de ½ pulgada por el tallo desde la parte superior del pimiento. Deseche solo el tallo y corte la parte superior cortada debajo del tallo y reserve en un bol. Saque el pimiento con una cuchara. Engrasa la olla de cocción lenta con aceite.

Mezcle los ingredientes restantes, las partes verdes de la cebolla verde y los aros de limón, en un bol cubierto con el pimiento morrón picado. Mezclar bien. Vierta la mezcla en el pimiento ahuecado y coloque los pimientos rellenos en la olla de cocción lenta, luego rocíe con más aceite de oliva.

Tape la olla de cocción lenta y cocine a temperatura ALTA durante 4 horas o hasta que los pimientos estén tiernos.

Retire los pimientos de la olla de cocción lenta y sirva en un plato. Antes de servir, espolvorear con las partes verdes de la cebolla verde y exprimir los aros de limón por encima.

Nutrición (por 100 gramos): 246 calorías 9 g de grasa 6,5 g de carbohidratos 11,1 g de proteína 698 mg de sodio

Rollos rellenos de col

Tiempo de preparación: 15 minutos
Tiempo de cocción: 2 horas
Porciones: 4
Nivel de dificultad: Difícil

Ingredientes:

- 4 cucharadas de aceite de oliva, dividido
- 1 cabeza grande de repollo verde, sin semillas
- 1 cebolla amarilla grande, finamente picada
- 85 g (3 oz) de queso feta, desmenuzado
- ½ taza de grosellas secas
- 3 tazas de cebada perlada cocida
- 2 cucharadas de perejil fresco, finamente picado
- 2 cucharadas de piñones tostados
- ½ cucharadita de sal marina
- ½ cucharadita de pimienta negra
- 425 g (15 oz) de tomates triturados, con jugo
- 1 cucharada de vinagre de manzana
- ½ taza de jugo de manzana

Ruta:

Unte el inserto de la olla de cocción lenta con 2 cucharadas de aceite de oliva. Blanquear la col en una cacerola con agua durante 8 minutos. Retirar del agua y reservar, luego separar 16 hojas del repollo. Lo dejas a un lado, lo ignoras.

Vierte el aceite de oliva restante en una sartén antiadherente y calienta a fuego medio. Agrega la cebolla a la sartén y cocina hasta que la cebolla y el pimiento estén suaves. Transfiera la cebolla a un bol.

Agregue el queso feta, las grosellas, el orzo, el perejil y los piñones al tazón de cebollas cocidas, luego espolvoree con ¼ de cucharadita de sal y ¼ de cucharadita de pimienta negra.

Coloque las hojas de col sobre una superficie de trabajo limpia. Vierta 1/3 de taza de la mezcla en el centro de cada plato, luego doble el borde sobre la mezcla y enrolle. Coloque los rollos de repollo en la olla de cocción lenta, con la costura hacia abajo.

Combine el resto de los ingredientes en un recipiente aparte y luego vierta la mezcla sobre los rollitos de repollo. Tape la olla de cocción lenta y cocine a temperatura ALTA durante 2 horas. Retire los rollitos de repollo de la olla de cocción lenta y sírvalos calientes.

Nutrición (por 100 gramos): 383 calorías 14,7 g de grasa 12,9 g de carbohidratos 10,7 g de proteína 838 mg de sodio

Coles de Bruselas con glaseado balsámico

Tiempo de preparación: 15 minutos

Tiempo de cocción: 2 horas

Porciones: 6

Nivel de dificultad: Medio

Ingredientes:

- Glaseado balsámico:
- 1 taza de vinagre balsámico
- ¼ taza de miel
- 2 cucharadas de aceite de oliva virgen extra
- 2 libras (907 g) de coles de Bruselas, cortadas y cortadas por la mitad
- 2 tazas de caldo de verduras bajo en sodio
- 1 cucharadita de sal marina
- Pimienta negra recién molida, al gusto
- ¼ de taza de parmesano rallado
- ¼ taza de piñones

Ruta:

Prepara el vinagre balsámico: mezcla el vinagre balsámico y la miel en una cacerola. Mezclar bien. Llevar a ebullición a fuego medio-alto. Reduzca el fuego a bajo y cocine a fuego lento durante 20 minutos o hasta que el glaseado se reduzca a la mitad y espese. Coloca un poco de aceite de oliva en el inserto de la olla de cocción lenta.

Coloque las coles de Bruselas, el caldo de verduras y ½ cucharadita de sal en una olla de cocción lenta y revuelva. Tape la olla de cocción lenta y cocine a temperatura ALTA durante 2 horas hasta que las coles de Bruselas estén tiernas.

Coloque las coles de Bruselas en un plato y espolvoree con el resto de sal y pimienta negra. Unte el glaseado balsámico sobre las coles de Bruselas y luego sirva con parmesano y piñones.

Nutrición (por 100 gramos): 270 calorías 10,6 g de grasa 6,9 g de carbohidratos 8,7 g de proteína 693 mg de sodio

Ensalada de espinacas con vinagreta de cítricos

Tiempo de preparación: 10 minutos
Hora de cocinar: 0 minutos
Porciones: 4
Nivel de dificultad: Fácil

Ingredientes:

- Vinagreta de cítricos:
- ¼ de taza de aceite de oliva virgen extra
- 3 cucharadas de vinagre balsámico
- ½ cucharadita de cáscara de limón fresca
- ½ cucharadita de sal
- Ensalada:
- 454 g de espinacas tiernas, lavadas y sin tallos
- 1 tomate maduro grande, cortado en trozos de ¼ de pulgada
- 1 cebolla morada mediana, en rodajas finas

Ruta:

Hacer la vinagreta de cítricos: Mezclar en un bol el aceite de oliva, el vinagre balsámico, la ralladura de limón y la sal.

Preparación de la ensalada: Coloque las espinacas tiernas, los tomates y la cebolla en una ensaladera aparte. Vierta la vinagreta de cítricos sobre la ensalada y revuelva suavemente hasta que las verduras estén completamente cubiertas.

Nutrición (por 100 gramos): 173 calorías 14,2 g de grasa 4,2 g de carbohidratos 4,1 g de proteína 699 mg de sodio

Ensalada sencilla de apio y naranja

Tiempo de preparación: 15 minutos
Hora de cocinar: 0 minutos
Porciones: 6
Nivel de dificultad: Fácil

Ingredientes:

- Ensalada:
- 3 tallos de apio, incluidas las hojas, cortados diagonalmente en rodajas de ½ pulgada
- ½ taza de aceitunas verdes
- ¼ taza de cebolla morada rebanada
- 2 naranjas grandes peladas y cortadas en cubitos
- Vestirse:
- 1 cucharada de aceite de oliva virgen extra
- 1 cucharada de jugo de limón o naranja
- 1 cucharada de salmuera de aceitunas
- ¼ de cucharadita de sal kosher o marina
- ¼ de cucharadita de pimienta negra recién molida

Ruta:

Para hacer la ensalada: Coloque los palitos de apio, las aceitunas verdes, la cebolla y la naranja en un recipiente poco profundo. Mezcle bien y deje reposar.

Preparación del aderezo: Mezclar bien el aceite de oliva, el jugo de limón, la salmuera, la sal y la pimienta.

Vierta el aderezo en la ensaladera y revuelva ligeramente hasta que esté completamente cubierto.

Servir frío o a temperatura ambiente.

Nutrición (por 100 gramos): 24 calorías 1,2 g de grasa 1,2 g de carbohidratos 1,1 g de proteína 813 mg de sodio

Rollo de berenjena frita

Tiempo de preparación: 20 minutos

Hora de cocinar: 10 minutos

Porciones: 6

Nivel de dificultad: Medio

Ingredientes:

- 2 berenjenas grandes
- 1 cucharadita de sal
- 1 taza de ricota rallada
- 4 oz (113 g) de queso de cabra rallado
- ¼ de taza de albahaca fresca finamente picada
- ½ cucharadita de pimienta negra recién molida
- spray de aceite de oliva

Ruta:

Coloca las rodajas de berenjena en un colador y sazona con sal. Reservar durante 15-20 minutos.

Combine la ricota y el queso de cabra, la albahaca y la pimienta negra en un tazón grande y revuelva para combinar. Lo dejas a un lado, lo ignoras. Seque las rodajas de berenjena con toallas de papel y rocíe ligeramente con aceite de oliva.

Calienta una sartén grande a fuego medio y rocía ligeramente con aceite de oliva. Coloca las rodajas de berenjena en la sartén y cocina durante 3 minutos por cada lado hasta que estén doradas.

Retirar del fuego en un plato forrado con papel toalla y dejar reposar 5 minutos. Haga los rollitos de berenjena: coloque las rodajas de berenjena sobre una superficie de trabajo plana y cubra cada rebanada con una cucharada de la mezcla de queso preparada. Enrollar y servir inmediatamente.

Nutrición (por 100 gramos): 254 calorías 14,9 g de grasa 7,1 g de carbohidratos 15,3 g de proteína 612 mg de sodio

Verduras asadas y un plato de arroz integral.

Tiempo de preparación: 15 minutos
Hora de cocinar: 20 minutos
Porciones: 4
Nivel de dificultad: Medio

Ingredientes:

- 2 tazas de floretes de coliflor
- 2 tazas de floretes de brócoli
- 1 lata de garbanzos (15 oz / 425 g).
- 1 taza de rodajas de zanahoria (de aproximadamente 1 pulgada de grosor)
- 2 o 3 cucharadas de aceite de oliva virgen extra, dividido
- Sal y pimienta negra, al gusto.
- Aceite en aerosol antiadherente
- 2 tazas de arroz integral cocido
- 3 cucharadas de semillas de sésamo
- <u>Vestirse:</u>
- 3-4 cucharadas de tahini
- 2 cucharadas de miel
- en el jugo de 1 limón
- 1 diente de ajo, picado
- Sal y pimienta negra, al gusto.

Ruta:

Preparar el horno a 205 C. Rocíe dos bandejas para hornear con aceite en aerosol antiadherente.

Coloca la coliflor y el brócoli en la primera bandeja, y las rodajas de garbanzos y zanahoria en la segunda.

Rocíe cada hoja con la mitad del aceite de oliva y espolvoree con sal y pimienta. Mezcle para cubrir bien.

Asa las rodajas de garbanzos y zanahoria en horno precalentado durante 10 minutos, las zanahorias hasta que estén suaves pero crujientes y la coliflor y el brócoli hasta que estén suaves en 20 minutos. Revuélvalos una vez a mitad de la cocción.

Mientras tanto, prepara el aderezo: mezcla el tahini, la miel, el jugo de limón, el ajo, la sal y la pimienta en un tazón pequeño.

Divida el arroz integral cocido en cuatro tazones. Unte cada tazón de manera uniforme con las verduras asadas y el aderezo. Antes de servir, espolvorea la parte superior con semillas de sésamo para decorar.

Nutrición (por 100 gramos): 453 calorías 17,8 g de grasa 11,2 g de carbohidratos 12,1 g de proteína 793 mg de sodio

Hash de coliflor con zanahorias

Tiempo de preparación: 10 minutos

Hora de cocinar: 10 minutos

Porciones: 4

Nivel de dificultad: Fácil

Ingredientes:

- 3 cucharadas de aceite de oliva virgen extra
- 1 cebolla grande, finamente picada
- 1 cucharada de ajo picado
- 2 tazas de zanahorias picadas
- 4 tazas de floretes de coliflor
- ½ cucharadita de comino molido
- 1 cucharadita de sal

Ruta:

Calienta el aceite de oliva a fuego medio. Agrega la cebolla y el ajo y sofríe durante 1 minuto. Agrega las zanahorias y sofríe durante 3 minutos. Agregue los floretes de coliflor, el comino y la sal y revuelva para combinar.

Cubra y hornee por 3 minutos hasta que esté ligeramente dorado. Mezcle bien y cocine descubierto durante 3-4 minutos hasta que esté suave. Retirar del fuego y servir caliente.

Nutrición (por 100 gramos): 158 calorías 10,8 g de grasa 5,1 g de carbohidratos 3,1 g de proteína 813 mg de sodio

Dados de calabacín al ajillo con menta

Tiempo de preparación: 5 minutos

Hora de cocinar: 10 minutos

Porciones: 4

Nivel de dificultad: Fácil

Ingredientes:

- 3 calabacines verdes grandes
- 3 cucharadas de aceite de oliva virgen extra
- 1 cebolla grande, finamente picada
- 3 dientes de ajo, picados
- 1 cucharadita de sal
- 1 cucharadita de menta seca

Ruta:

Calienta el aceite de oliva en una sartén grande a fuego medio.

Agregue la cebolla y el ajo y saltee durante 3 minutos, revolviendo constantemente, o hasta que se ablanden.

Agregue los cubos de calabacín y la sal y cocine por 5 minutos, o hasta que los calabacines estén dorados y tiernos.

Agrega la menta a la sartén, revuelve y cocina por otros 2 minutos. Servir caliente.

Nutrición (por 100 gramos): 146 calorías 10,6 g de grasa 3 g de carbohidratos 4,2 g de proteína 789 mg de sodio

Plato de calabacín y alcachofas con faro

Tiempo de preparación: 15 minutos

Hora de cocinar: 10 minutos

Porciones: 6

Nivel de dificultad: Fácil

Ingredientes:

- 1/3 taza de aceite de oliva virgen extra
- 1/3 taza de cebolla morada picada
- ½ taza de pimiento rojo picado
- 2 dientes de ajo, picados
- 1 taza de calabacín, cortado en rodajas de 1/2 pulgada de grosor
- ½ taza de alcachofas picadas en trozos grandes
- ½ taza de garbanzos enlatados, escurridos y enjuagados
- 3 tazas de faro cocido
- Sal y pimienta negra, al gusto.
- ½ taza de queso feta desmenuzado, para servir (opcional)
- ¼ de taza de aceitunas en rodajas, para servir (opcional)
- 2 cucharadas de albahaca fresca, gasa, para servir (opcional)
- 3 cucharadas de vinagre balsámico, para servir (opcional)

Ruta:

En una sartén grande, caliente el aceite de oliva a fuego medio hasta que brille. Agregue la cebolla, el pimiento y el ajo y cocine durante 5 minutos, revolviendo ocasionalmente, hasta que se ablanden.

Agrega las rodajas de calabacín, las alcachofas y los garbanzos y saltea durante unos 5 minutos, hasta que se ablanden un poco. Agregue el faro cocido y revuelva hasta que esté completamente caliente. Condimentar con sal y pimienta.

Divida la mezcla en tazones. Unte uniformemente la parte superior de cada tazón con queso feta, rodajas de aceituna y albahaca y, si es necesario, espolvoree con vinagre balsámico.

Nutrición (por 100 gramos): 366 calorías 19,9 g de grasa 9 g de carbohidratos 9,3 g de proteína 819 mg de sodio

Tortitas de calabacín de 5 ingredientes

Tiempo de preparación: 15 minutos

Hora de cocinar: 5 minutos

Porciones: 14

Nivel de dificultad: Medio

Ingredientes:

- 4 tazas de calabacín rallado
- Sal al gusto
- 2 huevos grandes, ligeramente batidos
- 1/3 taza de cebollines en rodajas
- 2/3 de harina para todo uso
- 1/8 cucharadita de pimienta negra
- 2 cucharadas de aceite de oliva

Ruta:

Coloca los calabacines rallados en un colador y añade un poco de sal. Dejar reposar durante 10 minutos. Saque la mayor cantidad de líquido posible del calabacín rallado.

Vierta el calabacín rallado en un bol. Agrega el huevo batido, las chalotas, la harina, la sal y la pimienta y mezcla hasta que todo esté bien combinado.

Calienta el aceite de oliva en una sartén grande a fuego medio.

Para cada panqueque, coloque 3 cucharadas de la mezcla de calabacín en la sartén caliente, presiónelos ligeramente para formar círculos y sepárelos a 2 pulgadas de distancia.

Cocine por 2 o 3 minutos. Voltee los calabacines revueltos y cocine por 2 minutos más, o hasta que estén dorados y bien cocidos.

Retirar del fuego y colocar en un plato forrado con toallas de papel. Repita con el resto de la mezcla de calabacín. Servir caliente.

Nutrición (por 100 gramos): 113 calorías 6,1 g de grasa 9 g de carbohidratos 4 g de proteína 793 mg de sodio

www.ingramcontent.com/pod-product-compliance
Lightning Source LLC
Chambersburg PA
CBHW050158130526
44591CB00034B/1319